Für Sie

Wie sich ein Vater über Kinder erbarmt, so erbarmt sich der HERR
über die, die ihn fürchten. 14 Denn er weiß, was für ein Gebilde
wir sind; er gedenkt daran, dass wir Staub sind.
(Ps. 103, 13-14 LUT)

Sende dein Licht und deine Treue! Die sollen mich leiten, mich
bringen zu deinem heiligen Berge und deiner Wohnstatt, damit
ich zum Altar Gottes komme, zu dem Gott meines Freudenjubels,
und unter Zitherklang dich preise, o Gott, mein Gott!
(Ps. 43, 3-4 MENG)

Keep on fire

Das Leben im Licht Jesu reflektieren

Abby Rule

Impressum:
Bibliografische Information der Deutschen Nationalbibliothek.
Die Deutsche Nationalbibliothek verzeichnet diese Publikation in der Deutschen Nationalbibliografie; detaillierte bibliografische Daten sind im Internet über http://dnb.dnb.de abrufbar

© 2025 Abby Rule
Verlag: BoD · Books on Demand GmbH, In de Tarpen 42,
22848 Norderstedt, bod@bod.de
Druck: Libri Plureos GmbH, Friedensallee 273, 22763 Hamburg
Umschlagsgestaltung, Satz und Layout: Andreas und Melanie Golz
ISBN-Nummer.: 978-3-7693-5800-1

Inhaltsverzeichnis

Angaben zum Buch

Liebe Leserin,
lieber Leser,

herzlichen Dank, dass Sie sich für dieses Buch entschieden haben.

Es werden Ihnen vier Dinge auffallen, die ich bewusst so gewählt habe.

Erstens, ich verwende die Eigennamen Gottes. Also Jesus Christus, JHWH oder Jeshua.
Warum mache ich das? Weil Gott Selbst sich mit Seinen Namen in der Bibel offenbart und als Sein Kind fällt mir kein Grund ein, diese nicht zu verwenden.
In unserem üblichen Sprachgebrauch spricht man schnell anonymisiert über eine Person, indem man den Titel oder die Berufsbezeichnung verwendet.
Da ich zu Ihnen nicht über einen unbekannten Gott schreibe, sondern den Schöpfer der Himmel und der Erde, verwende ich Seinen Namen.

Das Zweite ist Ihnen sicherlich längst ins Auge gesprungen, ich schreibe Gottbezogenen Pronomen groß: Ihm, Er, Sein oder andere. Ebenso werde ich alle Ausdrücke des bösen klein schreiben: satan, finsternis und ähnliche.

Ich bin der Überzeugung, dass wir nicht nur im gesprochenen Lobpreis, sondern auch im geschriebenen Wort Gott die Ehre geben können.

Als dritten Punkt möchte ich anmerken, dass ich die Bibel im Präsens als Fließtext stellenweise zusammenfasse. Das mag vielleicht im ersten Moment unüblich scheinen, aber so kann ich sprachlich verdeutlichen, dass sich die jeweiligen Szenen eben nicht ausschließlich auf Geschichten aus der Vergangenheit beschränken, sondern auch heute genauso Geltung für uns haben, wie zu allen vorangegangenen Zeiten. Damit fällt uns das Annehmen Seines Wortes leichter, und die Distanz zu Gott verringert sich deutlich.

Schließlich und als vierten Standpunkt möchte ich betonen, dass ich dieses Buch als einen Brief an Sie, liebste Leser betrachte. Damit will ich verdeutlichen, dass die Christen und Jünger Jesu nicht mehr im Gleichklang mit der Welt marschieren.

Insgesamt merke ich an, dass dies ein sehr persönliches Buch ist und ich keine studierte Theologin bin, sondern eine Christin, die aus Liebe und Dankbarkeit zu Jeshua Ihm folgt. Alle Zusammenhänge sind mir vom Heiligen Geist eingegeben. Manche werden vielleicht anderweitig von Predigern beschrieben, andere sind Ihnen wahrscheinlich neu. Ich kann jedenfalls mit ruhigem Gewissen sagen, dass ich niemanden plagiiert habe. Alle Autoren oder Prediger, auf die ich mich beziehe, habe ich namentlich erwähnt und am Ende dieses Buches mit der entsprechenden Quelle angegeben.

Wenn ich den Ausdruck Gott verwende, meine ich immer die Dreieinige Gottheit: Gott den Vater, Gott den Sohn in Jesus Christus und Gott den Heiligen Geist. Es gibt unzählige Konzepte von Gott, dass ich mögliche Missverständnisse gleich am Anfang ausräumen möchte.

Meine Herangehensweise an die jeweiligen Kapitel startete mit Gebet, und der Reflexion von eigenen Erlebnissen, die Gott in den biblischen Kontext setzte.
Auch habe ich keine Predigten oder fremde Texte im www zu den Kapitelüberschriften gesucht.
Einzig Gebet, Vertrauen in Gott und meine Bibel tragen mich durch dieses Buch.

Ich wünsche Ihnen von Herzen eine gesegnete, ereignisreiche und erfüllende Zeit beim Lesen der kommenden Seiten.

Abby Rule

Vorwort

Als Christin spreche ich gerne über Jesus. Doch habe ich festgestellt, dass viele Christen zwar vorgeben, Gott zu kennen, aber von Jesus sehr unterschiedliche Vorstellungen haben.
Und meistens erhalte ich diese Antwort:
„An Gott glaube ich schon, aber Jesus? Das ist schon ein bisschen extrem!“
Traurig, nicht wahr?
Dabei spricht Gott zu jedem Menschen, wir müssen Ihn nur hören. Ich gebe zu, das ist in unserer lauten Welt manchmal gar nicht so einfach, und die gelebten Traditionen sind fest in vielen verankert.
Doch ich versichere Ihnen jetzt und hier; Gott ist in jeder Sekunde Ihres Lebens bei Ihnen, und Er ist auch jetzt bei Ihnen. Ja, jetzt, in diesem Moment, und Er freut sich, dass Sie die Ohren Ihres Herzens für Ihn öffnen.

Mein Anliegen mit diesem Buch ist, Ihnen Impulse für Ihr Glaubensleben zu geben und dafür verwende ich eigene Erlebnisse.
Während meines eigenen Erlebens assoziierte ich vieles mit Zufall oder eigenem Können, aber das war es nicht.
Ein Vorschlag: Denken Sie an eine Begebenheit, in der Sie zusammenzuckten und sich anschließend auf die Schulter klopften, weil Sie so außergewöhnlich gut reagiert hatten.
Vielleicht gab es eine Situation, in der Sie einen Unfall hatten und wie durch ein Wunder unverletzt blieben.
Es gibt eine Fülle an Erfahrungen; und wenn ein Gedanke war, dass das auch ganz anders hätte ausgehen können, ersetzen Sie die Worte Glück und Können durch Gottes Behütung.
Denn: Das war Jesus!

Siehe, dies alles tut Gott zwei – oder dreimal mit dem Menschen, um seine Seele vom Verderben zurückzuholen, damit sie erleuchtet werde mit dem Licht der Lebendigen. (Hi. 33, 29-30 SLT)

Menschensohn, alle meine Worte, die ich zu dir rede, sollst du in dein Herz aufnehmen und mit deinen Ohren hören! (Hes. 3,10 SLT)

Auf das gute Erdreich gesät aber ist es bei dem, der das Wort hört und versteht; der bringt dann auch Frucht, und der eine trägt hundertfältig, ein anderer sechzigfältig, ein dritter dreißigfältig. (Mt. 23,13 SLT)

Gebet

Himmlischer Vater, ich bete zu Dir im Namen Jesus Christus und in der Kraft des Heiligen Geistes. Segne jeden, der dieses Buch liest, und bereite das Herz für Dein heiliges und glaubwürdiges Wort vor. Denn alles, was Du sagst, geschieht!

Hocherhabener Gott in Jesus Christus, Du herrschst als einziger Gott in Ewigkeit von Deinem heiligen Thon aus und wankst nie. Du bist die Feste, auf der wir stehen und Dein Wort ist beständig, von Ewigkeit zu Ewigkeit!

Du bist das Licht, wenn wir in finsternis wandeln, Du bist der Halt, wenn wir drohen unterzugehen, Du bist die Hoffnung, wenn wir hoffnungslos sind, Du bist der Weg, wo wir keinen sehen, und Du bist der gute Hirte, der uns auf dem Pfad Seiner Gerechtigkeit führt.

Du bist der Gott, dem kein Ding unmöglich ist und jedes aufrichtige Gebet vernimmt. So bitte ich Dich in Demut, öffne das Herz jedes Lesers und durchflute ihn mit Deiner überströmenden Liebe.

Du bist der Christus! Ohne Dich sind wir verloren in Zeit und Ewigkeit. Wir alle brauchen Dich!

In Jesu Namen Amen!

Warum beginne ich dieses Buch mit einem Gebet?
Weil wir die Kraft des Gebets verstehen lernen müssen. Müssen?
Ja!

Jedes Gebet kommt einer geistlichen Waffe gleich, die die Strategien des satan empfindlich schwächt. Mit einem aufrichtigen Gebet, und es braucht nicht lang sein, zerstören Jünger Jesu dämonische Bollwerke!
Es ist der Name JESUS, der die Kraft hat, die finsternis zurückzuschlagen.
Verstehen wir gemeinsam, dass unser Gebet der Anfang ist, woraufhin Gott Seine Kraft zu jedem Beter sendet.

Befiehl dem Herrn deinen Weg, und vertraue auf ihn, so wird er es vollbringen. (Ps. 37,5)

Sprechen wir laut aus: Jesus, ich gehöre zu Dir! Amen!

Ein stummer Christ aber, ist dem feind ein leichtes Ziel und tanzt nach seiner tödlichen Pfeife. Angesichts dessen wird deutlich, warum der satan so vehement versucht, uns vom Beten abzuhalten.
Stellen Sie sich Ihr Gebet wie ein scharfes Schwert aus Feuer und Licht vor, das Mauern einreißt, Hindernisse zerschmettert, und dämonische Pläne ruiniert.
Zudem ist jedes Gebet ein Schirm und Schild um uns herum, und für jene, die wir mit unter die Fittiche Gottes stellen!

Ich möchte Ihnen eine Vision erzählen, die mir Jesus im April 2020 gab. Ich sah unsere Zeit.

Ich stehe am Rand eines felsigen Plateaus, blicke in die Ferne und sehe auf ein großes, rotbraunes Durcheinander hinunter. So vieles

geschieht gleichzeitig und nebeneinander. Ich betrachte nacheinander die einzelnen Szenen und erkenne unzählige Menschen – bis zum Horizont. Es ist laut. Ich kann Freudenschreie nicht von Schmerzensschreien unterscheiden. Donner über allem.
Häuser brennen, beißender Rauch steigt zum Himmel hoch und verdeckt jedes natürliche Licht. Überdimensionierte Lagerfeuer brennen. Menschen tanzen um sie herum.

Statuen von goldenen Götzen und Stieren stehen an zentralen Plätzen. Prediger stehen davor und aus ihren Mündern schießen Haken heraus, die in die Haut der Menschen eindringen, um sie an ihr Wort zu binden. An einer anderen Stelle fallen nackte Leiber lustvoll übereinander her. Geschlechter spielen keine Rolle. Kinder und Tiere mittendrin.

Menschen, die die Wahrheit verkünden, sprechen andere an, werden verlacht und weggestoßen. Konzerte mit dröhnender Musik finden statt, Menschen pogen. Eine Comedybühne, die Menge lacht. Jemand schmeißt Brote in die Luft, Menschen springen danach und streiten sich um sie.
Ich sehe eine Streckbank, ein Mann ist eingespannt. Er schreit. Ein brennender Scheiterhaufen. Ich ertrage keine weiteren Details und schließe meine Augen.
Tränen rinnen über meine Wange.

Zwischen dem Lärm höre ich Flügelschlagen in der Luft und blicke hoch. dämonen fliegen über den Köpfen der Menschen hinweg und spornen mit ihren Befehlen die Szenerie weiter an. Ein unhold sieht mich, ruft andere herbei. Sie visieren mich an, formieren sich zum Angriff. Ich falle auf die Knie, kauere mich zusammen, weine und schluchze den Namen Jesus.

Ein dumpfer Schlag.
Noch einer.
Verzerrtes Kreischen.

Ich nehme allen Mut zusammen und blicke schräg nach oben.
Die dämonen schweben in der Luft ganz nah vor mir. Einer brüllt mich an. Schwarzer Nebel wabert um sie herum. Ein anderer fletscht die Zähne. Sie bewegen ihre Klauen.
Sie packen mich nicht. *Warum nicht?* Ich verstehe es nicht. Bin ich doch nur eine Armlänge von ihnen entfernt.
Als eine kreatur auf mich zufliegt und vor Schmerz aufschreit, sehe ich den Grund.

Ich knie in einer durchsichtigen Blase, sie schimmert wie eine Perle, sobald ein dämon sie berührt.

Ich fühle mich sicher und erhalte von Jesus selbst die unumstößliche Einsicht, dass ich zwar mitten in dieser gefallenen Welt bin, aber gleichzeitig sicher behütet durch Jesus. Mittendrin, aber nicht dabei!

Durch Sein Siegel kommt der feind nicht hindurch!
Jedes meiner Gebete wird von Jesus erhört, und Er festigt das Schild um mich herum.
Halleluja!

Steh auf, o Herr! Hilf mir, mein Gott! Denn du schlägst alle meine Feinde auf den Kinnbacken, zerbrichst die Zähne der Gottlosen.
Bei dem Herrn ist die Rettung. (Ps. 3, 8-9)

Stellen wir unser Gebetsleben auf ein neues Glaubensfundament
und hören nicht auf zu beten! Sprechen wir den Namen Jesus nach
jedem Gebet laut aus und beten ohne Unterlass!
In Jesu Namen Amen!

Abends, morgens und mittags will ich beten und ringen, so wird er
meine Stimme hören. (Ps. 55,18 SLT)

Warum dieses Buch

Im Oktober 2024 ging ich im Odenwald spazieren und betete dabei. Das ist mir eine liebgewonnene Angewohnheit geworden, und ich baue mir deshalb Gebetsspaziergänge so oft es geht in meinen Tagesablauf ein, denn ich fühle mich Gott in diesen Momenten nahe.

Mein Weg führte mich an einem Wald vorbei auf eine Anhöhe, von der ich weit über die Hügel und Felder blickte. Die Blätter der Laubbäume strahlten im Sonnenlicht golden, und ich sah den Traktoren zu, wie sie die abgeernteten Stoppelfelder eggten. Dicke Spinnenfäden flogen durch die Luft.

Ich hörte im Geist: „Das ist deine Berufung." Und Gott gab mir Seine Auslegung.

Der ausgelaugte, harte Boden ist der deutschsprachige und europäische Raum, der durch ein verdrehtes Gottesbild und falsche Lehre am Rande eines Umbruchs steht. Es werden nie dagewesene Veränderungen eintreten, und alles, worauf man in der Welt sein Leben ausrichtete, wird wegbrechen.

Nachfolger Jesu sollen JETZT mit ihren anvertrauten Talenten den religiös verhärteten Boden in Europa pflügen, damit die Saat Gottes, Sein heiliges und glaubwürdiges Wort, in die Herzen der Menschen eindringt.

Der Heilige Geist wird der Regen sein, der den Samen aufgehen lässt. Die Spinnenfäden stehen für Attacken des satan, die ein Jünger Jesu in der Kraft des Heiligen Geistes und durch Gebete abwehrt.

Das Licht Gottes leuchtet bereits hell über Europa und die Aufgabe aller Christen ist es, die Herzen der Menschen vorzubereiten, und so Teil einer nie dagewesenen Möglichkeit zur Umgestaltung der Länder Europas, nach Gottes Plan zu sein.
Die Zeit ist gekommen, Menschen zu trösten und ihnen den einzig rettenden Ausweg – JESUS CHRISTUS – zu zeigen.

Ich fragte Jeshua, wie ich den Auftrag umsetzten könne, und Er gab mir die Anweisung dieses Buch zu schreiben.
Bestätigt wurde mir die Aufgabe durch zwei Menschen in meinem unmittelbaren Umfeld, die beide nichts von meinem Gebet ahnten.

Ich habe großen Respekt vor dieser Aufgabe und will versuchen, sie Gott zur Ehre auszuführen.

Seien Sie versichert, dass ich vor, während und nach Fertigstellung eines jeden Kapitels gebetet habe und ausschließlich Gottes Worte schreibe, und nicht meine eigenen.

Sie werden merken, dass die Informationsdichte des Textes sehr hoch ist, denn ich habe auf langwierige Ausführungen und Füllkapitel verzichtet.

Darum seid nicht unverständig, sondern seid verständig, was der Wille des Herrn ist! (Eph. 5,17 SLT)

Geistige Waffenrüstung

Beginnen wir dieses Buch mit dem Anlegen der geistigen Waffenrüstung, gemäß Paulus' Brief an die Epheser, Kapitel 6.

14 So steht nun fest, eure Lenden umgürtet mit Wahrheit, und angetan mit dem Brustpanzer der Gerechtigkeit, 15 und die Füße gestiefelt mit der Bereitschaft [zum Zeugnis] für das Evangelium des Friedens. 16 Vor allem aber ergreift den Schild des Glaubens, mit dem ihr alle feurigen Pfeile des Bösen auslöschen könnt, 17 und nehmt auch den Helm des Heils und das Schwert des Geistes, welches das Wort Gottes ist; (SLT)

Bei der Aufforderung die Waffenrüstung anzulegen, handelt es sich nicht um einen Rat, nach dem Motto *kann man machen, muss aber nicht*. Nein. Sie ist die göttliche, alles böse abwehrende Schutzausrüstung, die im Feuer des Heiligen Geistes durch Gott selbst geschmiedet wurde und essenziell für jeden Christen ist!

13 Deshalb ergreift die ganze Waffenrüstung Gottes, damit ihr am bösen Tag widerstehen und, nachdem ihr alles wohl ausgerichtet habt, euch behaupten könnt.

Unterschätzen Sie bitte nicht die Tücke des feindes und ebenso wenig die Kraft Ihres Glaubens! Wie tröstlich, dass Nachfolger Jesu dem feind nicht schutzlos ausgeliefert sind – Im Gegenteil.

Jesus aber sprach zu ihnen: Um eures Unglaubens willen! Denn wahrlich, ich sage euch: Wenn ihr Glauben hättet wie ein Senfkorn, so würdet ihr zu diesem Berg sprechen: Hebe dich weg von hier dorthin! und er würde sich hinwegheben; und nichts würde euch unmöglich sein. (Mt. 17,20 SLT)

Also ...

11 Zieht die ganze Waffenrüstung Gottes an, damit ihr standhalten könnt gegenüber den listigen Kunstgriffen des Teufels;

Vertrauen Sie auf Gott in Jesus und glauben Sie so groß wie ein Senfkorn daran, dass die Waffenrüstung mit jedem Gebrauch an Stärke gewinnt, denn aus Erfahrung bezeuge ich: Genau das geschieht!

Die Stiefel des Friedens haben Stollen unter den Sohlen, die Sie fest in das Evangelium graben. Mit jedem Sturm und jeder Anfechtung des feindes, werden die Stollen im Gebet stabiler und Sie standfester.

Das Schwert des Wortes ist unsere Angriffswaffe, es wird mit jedem Nutzen schärfer. Jedes Gebet, jeder Lobpreis, jedes sinnieren und jeder laut gesprochene Bibelvers schärfen Ihr Schwert! Mit ihm schlagen wir Dornen ab und dämonen zurück.

Wir ergreifen im Glauben dieselbe Waffe, die Jesus in der Wüste gegen den satan in Lukas 4,1-13 einsetzt. Während der Versuchung spricht der feind mit Halbwahrheiten zu Jesus, die Er allein durch vollständige und unverfälschte Bibelverse abwehrt. In der Folge flieht der satan. Wir sehen also, diese Waffe ist effektiv und bewährt. Jesus selbst verwendet sie und gibt sie uns in die Hand. Ergreifen wir sie!

Der Schild des Glaubens. Jedes Mal, wenn wir ihn ergreifen, nährt Jesus unseren Glauben, denn er ist der Beginner und Vollender unseres Glaubens. Er umgibt uns vollständig, und kein Pfeil dringt durch ihn hindurch. Bitten wir Jeshua Hamashiach in demselben Vertrauen wie der Vater des besessenen Knaben aus Markus 9,24.

Und sogleich rief der Vater des Knaben mit Tränen und sprach: Ich glaube, Herr; hilf mir, [loszukommen] von meinem Unglauben! (SLT)

Der Helm des Heils ist phänomenal, denn er ist die erste Abwehrwaffe, die wir haben. Der feind flüstert uns seine lügnerischen Gedanken ein. Das macht er so subtil, dass wir sie zunächst nicht wahrnehmen. Erst wenn sie an einem nagen, werden sie uns bewusst. Vergegenwärtigen Sie sich, dass Gedanken Macht haben. Deshalb sind sie eine erfolgreiche Waffe des satan. Aus Gedanken wird Verlangen, aus Verlangen Worte, und aus Worten werden Taten. Der Helm schützt uns vor der Einflüsterung.

Der Apostel Paulus schreibt aus einem römischen Gefängnis einen Brief an die Gläubigen in der griechischen Stadt Philippi. Er erfährt, wie aggressiv ihre Gedanken sind und welchen Schaden sie anrichten. Er schreibt, dass die satanischen Gedanken allein durch Gottes Wahrheit abgewehrt werden.
Und er weiß, dass Nachfolger Jesu zu einer anderen Denkweise aufgerufen sind.

„Schließlich, meine lieben Brüder und Schwestern, orientiert euch an dem, was wahrhaftig, vorbildlich und gerecht, was redlich und liebenswert ist und einen guten Ruf hat. Beschäftigt euch mit den

Dingen, die auch bei euren Mitmenschen als Tugend gelten und Lob verdienen."
(Phi. 4,8 HFA)

Der Gürtel der Wahrheit. Jesus selbst ist die Wahrheit, bitten Sie Ihn, dass er sich selbst um Sie legt.

Der Brustharnisch der Gerechtigkeit. Gott allein macht gerecht, bitten Sie ihn, um ihren Oberkörper eine Rüstung anzulegen, durch die kein Pfeil, Klaue oder Feuer des satan durchdringt.

Wenn wir uns die einzelnen Bestandteile der Waffenrüstung betrachten, stellen wir fest, dass wir uns in Jesus hüllen. Das mag zunächst abstrakt klingen, doch bitte lassen Sie mich den Gedanken ausführen.

Jesus ist die Gerechtigkeit, die Wahrheit, der Friedefürst, der Beginner und Vollender unseres Glaubens, das Wort, das Heil. Wir stehen sogar auf dem Evangelium, also Seiner, von Ihm ausgehenden frohen Botschaft.

So ist es nur logisch, dass wir Jesus anziehen!

Lassen Sie uns beten:

Himmlischer Vater, ich bete zu Dir, im Namen Jesus Christus und der Kraft des Heiligen Geistes. Ich bitte Dich, mein Schöpfer und Heiland, der Du meine Kraft und Hoffnung bist, lege mir und jedem Leser Deine geistige Waffenrüstung an. Die göttliche Schutzausrüstung, die Du selbst für uns geschmiedet und bereitet hast.

Lege uns den Helm des Heils an, eng um unseren Kopf, tief in die Stirn und über die Ohren, damit wir die Lügen des feindes nicht hören, und uns auf Dich fokussieren.

Lege Du uns den Gürtel der Wahrheit um. Du selbst bist die Wahrheit, umgürte uns mit Dir.

Wir steigen in die Stiefel des Friedens, und mit den Stollen unter den Sohlen, bleiben wir standhaft in jeder Anfechtung.

Umgib uns mit dem Brustharnisch der Gerechtigkeit. Du machst gerecht, halte uns in Dir!

Wir ergreifen den Schild des Glaubens, denn Du bist der Beginner und Vollender unseres Glaubens, nähre unseren Glauben, damit wir unerschütterlich unter Deinem Schirm und Schild stehen!

Wir ergreifen das Schwert – Dein Wort, das den feind in die Flucht schlägt. Wir tun dies genauso, wie Du es uns lehrst und vormachst. Mit jedem Benutzen wird es schärfer!

Amen! In Jesu mächtig Namen Amen!

Mein Zeugnis

Im Folgenden beschreibe ich zwei Albträume.
Diese Erlebnisse haben zu meiner Umkehr geführt und, als Zeugnis für Jesus Christus, möchte ich sie niederschreiben. Aus eigener Erfahrung weiß ich, dass Begriffe wie Gott oder dämonen bei manchen Menschen eine unbewusste Anspannung oder Ablehnung auslösen. Dennoch möchte ich unverfälscht schreiben, was mir geschehen ist. Dafür ist die klare Nennung der Geschehnisse unbedingt notwendig. Zudem habe ich festgestellt, dass eine deutliche Nennung des feindes und Darstellung der erlebten Begebenheiten, dabei helfen zu erkennen, mit wem man es zu tun hat, und die Scheu vor dem Unsichtbaren nimmt.
Als ich das erste Mal mein Zeugnis einem Pfarrer erzählte, erhoffte ich mir Unterstützung und eine Bestätigung dessen, dass ich mir das nicht einbildete. Doch zu meiner Überraschung erhielt ich einen Vortrag über die Mythologie der biblischen Geister.
Daher lassen Sie mich bitte deutlich schreiben: dämonen sind keine biblische Mythologie und der satan ist real. Aus diesem Grund werde ich in den folgenden Kapiteln Strategien und Fallen aufdecken, die Gott mir zeigt.
Ich möchte diese betrügerischen Lügen im Licht Gottes ausleuchten, weil wir durch Erziehung oder Traditionen an die meisten Fallen so sehr gewöhnt sind, dass wir sie nicht mehr als solche wahrnehmen.
Die Behauptung, es gäbe weder dämonen noch den satan, ist bereits eine überaus erfolgreiche Falle. Der satan erklärt uns seit Jahren, dass es ihn nicht gibt und dass wir zwar Sünder sind, aber keine Erlösung durch Jesu brauchen. Wenn wir nur fleißig in die Kirche gehen und uns an die traditionellen Regeln halten, dann ge-

hen wir Sünderlein in den Himmel. So oder so ähnlich haben Sie die Lüge auch schon einmal gehört, da bin ich mir sicher.

Ich lade Sie ein, mit mir auf den kommenden Seiten, erworbenes Wissen zu überdenken, anerzogene Verhaltensweisen zu hinterfragen und sich in Ihrem Glaubensleben von Jesus Christus und dem Heiligen Geist leiten zu lassen. Bitten Sie Gott, dass Er Sie mit Seinem göttlichen Licht ausleuchtet und alles böse aus Ihnen herausschneidet.

Ich renne zwischen Bäumen entlang. Der Mond ist eine schmale Sichel. Sehe die feinen Äste zu spät und kann nicht ausweichen. Sie peitschen in mein Gesicht. Egal. Ich renne weiter. Etwas ist hinter mir her, ich spüre die Vibration des Bodens. Die Bäume greifen nach mir!

Ich erkenne vor mir eine Hütte! *Gott sei Dank!* Ich laufe schneller, erreiche die Tür und drücke die Klinke herunter. Sie gibt nach, ich haste hinein. Ich überspringe die Schwelle, drehe ich mich um und blicke in die glühenden Augen des Ungetüms. Sein Atem stinkt nach Schwefel. Es folgt mir nicht, beobachtet aber jede meiner Bewegungen. Ich halte den Atem an und werfe die Tür zu.

Allmählich beruhigt sich mein Herzschlag und ich drehe mich um. Ich sehe: Nichts!

Der Raum ist finster, so sehr ich mich anstrenge, ich sehe keine Konturen. Keine Möbel oder Lampe, kein Fenster, nichts! Mir ist kalt, Gänsehaut entsteht auf meinen Armen. Ich habe das Gefühl zu stürzen. Ich bekomme keine Luft. Mein Herz rast und ich höre das Pochen meines Blutes in den Ohren. Ich will hier raus! Mit zitternden Fingern taste ich hinter mich, um die Türklinke zu greifen.

Doch ich fühle sie nicht. Ich fahre herum, taste die Wand ab. Die Tür ist weg!

Ich weine. Hinter mir höre ich ein Knarren. Ich erstarre! Ich konzentriere mich auf meine Atmung und drehe mich langsam um. Ich sehe Licht in einer senkrechten und zwei horizontalen Linien. Dort ist offensichtlich eine Tür, die spaltbreit offen ist.

Wo bin ich?

Vorsichtig setze ich einen Fuß vor den anderen, strecke meine Hand aus und berühre Holz. Das Licht wirkt grau, aber es ist besser als der finstere Raum. Ich gehe hinein.

O Nein!

Kniehohe Bretterverschläge reihen sich eng aneinander. Ammoniakgeruch steigt mir in die Nase. Mir zittern die Beine. Dennoch zwinge ich mich, einen Schritt nach vorne zu gehen. Ich blicke in einen Verschlag.

Eine Frau kauert an der Wand. Sie sitzt auf einer Handvoll Stroh und sieht mich mit ihren dunklen Augen an. Ihr Blick trifft mich in die Seele. Ich fühle ihren Schmerz. Tränen laufen mir die Wangen herunter. Im nächsten Verschlag bietet sich mir das gleiche Bild, doch die Gestalt ist jünger. Viel jünger.

Oh mein Gott, der junge Mann liegt auf dem nackten Boden! Mir wird übel. Ich schleiche weiter.

Der nächste Stall. Ein alter Mann sitzt ebenfalls auf dem unbedeckten Boden. Wegen seiner kurzen Haare sehe ich, dass er einen eisernen Halsring trägt und eine Kette in die Wand führt. Oberhalb der Kette ist sein Name im Stein eingekratzt.

Anselm.

Kälte umgibt mich, ich zittere. „Wo bin ich?", rufe ich. Mein Schrei hallt von den kahlen Wänden wider.

Eine Gestalt formt sich aus Staub und Dreck vor mir. Sie hat die gleichen Augen wie das Monster, das mich gejagt hat.

Sie zeigt auf einen Verschlag neben mir. „Du bist tot und dies ist dein Platz!"
Mein Blick folgt der Hand, ich erkenne eine Kette aus der Wand ragen und ich sehe, wie mein Name Buchstabe für Buchstabe erscheint: A-B-
„Wach auf!", schreie ich zu mir. „Wach auf!"
„Das ist kein Traum." Die Gestalt lacht; es klingt böse.
Meine Beine geben nach und mir wird schwarz vor Augen.
Ich wache auf.

Dieses Erlebnis prägte mich sehr. In den folgenden Monaten und Jahren hörte ich Geräusche, die nicht real waren. Sah Bewegungen in den Wänden, die es nicht gab. Die Farben wirkten fad. Ich spürte kaum noch Freude. Mir war ständig kalt, ich war gereizt und hatte Angst, in einen Spiegel zu schauen, rauchte viel und trank. Ich war nicht mehr ich selbst. Wenn ich nachts ins Bad gehen musste, konnte ich nicht aufstehen, denn ich hatte Angst vor dem Monster unter meinem Bett. Kein Stück Körper durfte ohne Bettdecke sein, ich nutzte sie als Schutzschild und kauerte mich unter sie. Ich wurde körperlich krank, inklusive einer Not-OP. Nachdem dieser Zustand über dreieinhalb Jahre andauerte, schwanden meine Kräfte zusehends, und ich dachte über eine finale Selbstvernichtung nach.
Erschöpft schlief ich in einer Januarnacht ein.

Ich stehe an einem Strand, spüre den Sand zwischen meinen Zehen und blinzele gegen die Sonne. Sie verwandelt sich in eine Fackel, deren Licht unstet flackert. Der Himmel verfinstert sich und der Sand unter meinen Füßen wird zu Stein. Ich stehe nicht mehr, sondern liege auf etwas Kaltem. Über mir sehe ich unebene Felsen. *Was ist passiert?*

Höhnisches Gelächter durchdringt den Ort, der an eine Höhle erinnert. Mein Kopf droht von den schrillen Tönen zu zerspringen.
Rieche ich faulige Eier? Der Gestank kommt mir seltsam vertraut vor.
Tränen laufen mir über die Wangen!
Ich kann mich nicht bewegen!
Mein Herz rast!
Das Blut rauscht in meinen Ohren!

Soweit ich kann, hebe ich meinen Kopf und sehe neben meinen Beinen je eine graue Kreatur stehen. Zwei weitere halten meine Handgelenke mit eisernem Griff fest. Die Proportionen passen nicht. Die Arme sind dürr, die Hände im Verhältnis viel zu groß und sehen aus wie die Krallen eines Raubvogels. Ein weiteres Monster tritt dicht an mich heran. Ich erkenne die Sehnen durch die papierdünne Haut im Unterarm, als es die Finger bewegt. Ich starre auf die Szene, die sich mir bietet. Ich sehe sie – und sehe sie doch nicht. Und was ich sehe, kann unmöglich sein. Ich spüre den Schmerz nicht, als mir der dämon die Krallen ins Fleisch presst, sondern beäuge den unhold. Die Rippen zeichnen sich unter der fast durchsichtigen Haut ab. Auch die Hüftknochen stechen unter der abgefetzten Haut hervor.

Eines der Monster neben meinem Fuß dreht seinen Kopf zu mir und ich erkenne ein halbes Gesicht, das schleimig im aufblitzenden Licht der Fackel glänzt. Mir ist schwindelig!

Mein Gehirn kann so viel Grauen nicht verarbeiten.

Meine Handgelenke schmerzen, als ob ich mich an beiden gleichzeitig verbrannt hätte. Ich blicke zu meinen Armen und wünschte mir, ohnmächtig zu werden.

Ich schreie so laut ich kann. Das Gelächter übertönt mich. Eine Stimme neben mir spornt mich sogar an, noch hysterischer zu werden. Mein Geschrei gefällt ihm!

Ich strampele und versuche mich zu befreien, doch die Griffe werden fester. Der Schmerz bohrt sich tief in mein Gehirn!

Eine Fratze beugt sich über mein Gesicht. Die Zähne sind spitz, Lippen fehlen.

Den Anblick ertrage ich nicht länger, kneife die Augen zusammen und drehe den Kopf zur Seite. Der Gestank verdrängt alle Luft zum Atmen.

Obwohl die Kreaturen laut lachen, dringt jedes Wort des dämons durch meinen geschockten Verstand.

„Letztes Mal bist du uns entkommen! Aber jetzt haben wir dich!"

Ich reiße die Augen auf und starre direkt in tiefschwarze Augen.

„Du gehörst uns!", brüllt er, bleckt die Zähne und beißt mich unterhalb der Brust.

„Jesus! Hilf mir!", schreie ich, wache im selben Moment auf und höre das Echo meiner Stimme im Schlafzimmer.

Meine Brust zerspringt vor Liebe. Ich fühle mich erleichtert. Ich atme tief ein, setze mich auf und spüre in mich hinein. Mein Herz schlägt gleichmäßig und mein Puls beruhigt sich. „Danke.", sage ich in den Raum und falle zurück in mein Kissen.

Der Albtraum ist vorbei. Ich reibe mir die Augen, denn ich kann nicht begreifen, was ich sehe: Die Schatten verkürzen sich. Die Dunkelheit im Raum wirkt nicht mehr bedrohlich. Es ist, als hätte jemand in der Nacht das Licht angeknipst.
Ich wusste nicht genau, was geschehen war, aber drei Dinge waren mir sofort bewusst: Erstens, Jesus war da! Zweitens, alle meine Sünden sind mir vergeben! Drittens, ich werde geliebt!

Diese Liebe, die ich spürte, war nicht von dieser Welt und der göttliche Friede, den Jesus mir ins Herz legte, hält bis heute an.
Jeden Tag staune ich über die intensiven Farben des Himmels und der detailreichen Flora und Fauna meiner Umgebung. Gottes Güte und Liebe zu Seiner Schöpfung umgibt uns vom morgendlichen Tautropfen bis zum Abendrot.

Während ich in den darauffolgenden Monaten die Bibel las, stieß ich auf Psalm 18. Dort las ich geschrieben, was mir geschah. Auszugsweise möchte ich die Verse 5-15 aufschreiben, denn ich möchte Ihnen aufzeigen, wie real die Bibel heute noch ist. Sie ist nicht gefälscht, oder entspringt den Fantasien verschiedener Autoren. Jedes Wort ist wahr. Oder wie kann man sonst erklären, dass ich erlebte, was König David vor über dreitausend Jahren aufschrieb?

5 Es umfingen mich Bande des Todes, und Bäche des Verderbens erschreckten mich. 6 Fesseln des Scheols umgaben mich, Fallen des Todes bedrohten mich. 7 In meiner Bedrängnis rief ich zum HERRN, und ich schrie zu meinem Gott. Er hörte aus seinem Tempel meine Stimme, und mein Schrei vor ihm drang an seine Ohren. 8 Da wankte und bebte die Erde, die Grundfesten der Berge erzitterten und wankten, denn er war ⟨von Zorn⟩ entbrannt. 9 Rauch stieg auf von seiner Nase, und Feuer fraß aus seinem Mund, glü-

hende Kohlen brannten aus ihm. 10 Er neigte den Himmel und fuhr hernieder, und Dunkel war unter seinen Füßen. 11 Er fuhr auf einem Cherub und flog daher, so schwebte er auf den Flügeln des Windes. 12 Er machte Finsternis zu seinem Versteck, zu seiner Hütte rings um sich her Wasserdunkel, dichtes Gewölk. 13 Aus dem Glanz vor ihm zogen seine Wolken vorüber ⟨mit⟩ Hagel und feurigen Kohlen. 14 Und der HERR donnerte im Himmel, und der Höchste ließ seine Stimme erschallen ⟨mit⟩ Hagel und feurigen Kohlen. 15 Und er schoss seine Pfeile und zerstreute sie, er schleuderte Blitze und verwirrte sie. (MENG)

Dafür danke ich meinem Retter jeden Tag!

Ich gewann die Einsicht, dass ich das Totenreich sah. Allerdings glaube ich, dass ich den Bereich gesehen habe, der für mich vorgesehen war und kann nicht pauschal das Aussehen des gesamten Totenreichs beschreiben. Meines Erachtens ist im Scheol die Schuld zu Hause. Das ist ein Ort, an dem weder Reue noch Buße möglich sind.
Wenn ich schreibe, dass Gott bei mir war, ist das keineswegs übertrieben. Seine Anwesenheit spüre ich auch heute jeden Tag und Seinen Schutz erlebe ich jeden Abend und jede Nacht. Denn ich gehe mittlerweile angstfrei durch die Dunkelheit und Wohnung. Die Geräusche und Bewegungen, die ich nach meinem ersten Alptraum wahrnahm, bleiben verschwunden.
Mir knickten die Knie ein, als ich verstand, dass dämonen um mich herum waren. Ich dachte, sie wären eine Erfindung von horrorbegeisterten Geschichtenerzählern. Doch weit gefehlt, sie sind real und begleiteten mich jede Minute des Tages und machten sich nicht einmal die Mühe, sich zu verbergen, denn ich sah sie in den Wänden und spürte sie an meinem Körper.

Vor wenigen Jahren noch lähmte mich diese unsichtbare Macht so sehr, dass ich nahezu handlungsunfähig war.

Durch Gottes Offenbarung habe ich erkannt, dass um uns herum ein unerbittlicher Kampf tobt. Gut gegen böse. Auch wenn wir die Schlachten nicht mit unseren Augen sehen, so erleben wir sie doch hin und wieder an uns oder beim Lesen der tagesaktuellen Nachrichten, wenn eine Gewaltnachricht der nächsten folgt.

Das Gute siegt, nicht nur am Ende aller Tage, oder einem Film, sondern auch in jedem einzelnen Menschen nach seiner Wiedergeburt und Glaubenslauf.
Ist das nicht eine wunderbare Gewissheit?
In der Theologie gibt es einen Lehrsatz, den ich Ihnen mitteilen möchte: *Wer einmal geboren ist, wird zweimal sterben, und wer zweimal geboren ist, wird einmal sterben.*

Schon in der Bibel bereitet dieser Zusammenhang Nikodemus, einem Schriftgelehrten aus Jerusalem Kopfzerbrechen und er fragt Jesus, was das bedeuten würde.

Jesus antwortete: Wahrlich, wahrlich, ich sage dir: Wenn jemand nicht aus Wasser und Geist geboren wird, so kann er nicht in das Reich Gottes eingehen (Joh. 3,5 SLT)

Ich will die Verse in eigenen Worten versuchen zu erklären.
Jeder Mensch wird durch seine Mutter biologisch geboren und am Ende des Lebens stirbt er biologisch. Einmal geboren und einmal gestorben.
Nun kommt unabhängig von der körperlichen Geburt, die geistige.
Das bedeutet, dass allein durch die Gnade Gottes, die Wiederge-

burt, oder nennen Sie es geistige Taufe (nicht zu verwechseln mit der Kindstaufe) stattfindet.

Denn wir sind ja alle durch einen Geist in einen Leib hinein getauft worden, ob wir Juden sind oder Griechen, Knechte oder Freie, und wir sind alle getränkt worden zu einem Geist. (1.Kor. 12,13 SLT)

In der Taufe mit Wasser gehen wir als Sünder ins Wasser, sterben in dem Moment, in dem wir unter Wasser tauchen und stehen als neue Schöpfung aus dem Wasser wieder auf. Wir sterben beim Eintauchen mit Christus und stehen beim Auftauchen mit Christus als Gerechte auf.

Wenn ein Mensch um seine geistige Wiedergeburt weiß, dann ist er zweimal geboren und steht am Anfang seines Glaubenslebens und stirbt hoffentlich nur den biologischen Tod.
Wenn ein Mensch sich nicht zu Lebzeiten zu Jesus bekehrt und durch Seine Gnade wiedergeboren ist, so stirbt er auf jeden Fall zweimal.
Zunächst biologisch und ein zweites Mal nach dem göttlichen Gericht, das jedem Menschen bevorsteht. Wenn der eigene Name nicht im Buch des Lebens (Off. 20,12) geschrieben steht, so geht die Seele in dem zweiten Tod (Off. 20,6; 20,14; 21,8).
Das ist die ewige Trennung von Gott.
Wir nennen diesen Ort Hölle. Dort herrschen unvorstellbare Qualen, und Gott hört nicht mehr auf das Schreien und Flehen der Seelen der verstorbenen.

Viel zu oft wird diese ernstzunehmende Passage missinterpretiert und eine innere Angst entsteht. Angst beeinträchtigt das Denken eines Menschen, denn bei einer Angstreaktion wird das Gleichge-

wicht an neuronalen Transmitterstoffen empfindlich gestört und eine Flut an Adrenalin durchströmt den Körper. Eine messbare physische und psychische Veränderung im Körper tritt ein.
Viele Passagen der Bibel klingen auf den ersten Blick beängstigend, sind aber in Wahrheit eine rettende Mahnung Gottes.
Nehmen wir diese Mahnung als frohe Botschaft an. Oder vielleicht nehmen Sie sie als Gelegenheit, Ihren Glaubensweg zu überdenken und stellen sich gegebenenfalls ganz neu vor Gott auf.

Denn Gott hat Sein Gericht angekündigt und Er wird es auch halten, denn Gott ist treu und gerecht.
Wer zu seinen Lebzeiten immer wieder Buße tut, darf wissen, dass alle Einträge der bösen Taten getilgt sind.

9 Entsündige mich mit Ysop, dass ich rein werde; wasche mich, dass ich weißer werde als Schnee. 10 Lass mich hören Freude und Wonne, dass die Gebeine fröhlich werden, die du zerschlagen hast. 11 Verbirg dein Antlitz vor meinen Sünden, und tilge alle meine Missetat. 12 Schaffe in mir, Gott, ein reines Herz und gib mir einen neuen, beständigen Geist. 13 Verwirf mich nicht von deinem Angesicht, und nimm deinen heiligen Geist nicht von mir. 14 Erfreue mich wieder mit deiner Hilfe, und mit einem willigen Geist rüste mich aus. (Ps. 51,9-14)

Gehen Sie den Schritt, wie der Psalmist ihn uns zeigt, und beten Sie zu Jesus um Vergebung.
In dieser einen Sekunde, in der Jesus mich besuchte, nahm Er mir all meine Süchte, genauso wie meine Krankheiten.
Glauben Sie es ruhig, denn das ist zu wunderbar, als dass ich dies verschweigen könnte. Und ich fürchte Gott zu sehr, als dass ich mir auch nur ein Wort ausdenken würde.

Ich war verloren und habe als Mahnung sogar das Totenreich gesehen, doch nun freue ich mich auf zu Hause.
Keine Sünde ist zu groß, als dass Jesus Christus sie nicht vergeben könnte. Und bitte, glauben Sie nicht, Sie wären der größte Sünder der Welt, der Platz ist schon an Paulus vergeben.

15 Das ist gewisslich wahr und ein teuer wertes Wort: Christus Jesus ist in die Welt gekommen, die Sünder selig zu machen, unter denen ich der erste bin. (1.Tim. 1,15 LUT)

Mit unserem weltlichen und überschaubaren, menschlichen Verstand begreifen wir das göttliche Wesen nicht, deshalb fällt es vielen so schwer, Gott anzunehmen. Ich nehme mich dabei nicht heraus, denn auch ich war ein feind Gottes und habe getan, was Ihm missfiel. Umso größer ist meine Dankbarkeit, dass Er mich nicht verworfen hat, sondern geduldig an mir zog.

Und aus dieser Gewissheit heraus juble ich Ihnen zu:
Jesus ist da, in jedem Moment und bei jedem Menschen überall auf der Erde.

Auch bei Ihnen. Erst recht bei Ihnen!

Er will uns retten.
Er ist sogar für die Sünden der Menschen gestorben.
Auch für Ihre. Er liebt die Menschen und rettet jeden, der sich aufrichtig zu Ihm bekennt.
Denn das ist das Wesensmerkmal Gottes.
Jesus Christus ...
... will, dass alle Menschen gerettet werden und zur Erkenntnis der Wahrheit kommen. (1.Tim. 2,4 ELB)

Oder habe ich etwa Gefallen am Tod des Gottlosen, spricht GOTT, der Herr, und nicht vielmehr daran, dass er sich von seinen Wegen bekehrt und lebt? (Hes. 18,23 SLT)

Jeder, der Buße tut und gottesfürchtig lebt, wird mit dem ewigen Leben in Gottes Herrlichkeit belohnt und zieht in eine Wohnung im himmlischen Jerusalem. Wer Gott sein Leben lang leugnet, erleidet den zweiten Tod in der Hölle. Das klingt nach einer harten Wahl, aber so steht es geschrieben. Himmel oder Hölle. Hopp oder topp.

Jesus selbst sagt in Johannes 12,46 ...

Ich bin als ein Licht in die Welt gekommen, damit jeder, der an mich glaubt, nicht in Finsternis bleibt. (SLT)

Wie kommt man denn von der finsternis ins Licht?
Indem man aufrichtig Buße tut.

Anfangs verstand ich den Begriff nicht und stieß mich sehr an ihm. Zwar haben wir einen Buß- und Bettag in Deutschland, aber ich wusste nicht, was der bedeutet. Die Erklärungen im Internet sind auch wenig hilfreich, deshalb erkläre ich den Begriff *Buße tun* mit einem persönlichen Beispiel. Um zu verstehen, was ich meine, verwende ich mein ehemaliges Rauchen.

Nach meiner Bekehrung hörte ich von einem auf den anderen Tag komplett damit auf. Ich habe den falschen Weg, oder das sündige Verhalten, aufgegeben und keine einzige Zigarette mehr angefasst. Noch mal anders formuliert: Buße tun ist das konsequente und dauerhafte Unterlassen eines sündhaften Verhaltens.

Wobei ein Punkt sehr deutlich herausgearbeitet sein sollte: Die Abkehr von einem gottlosen Leben ist die wichtigste und erste Buße überhaupt! Sie allein stellt einen Christen an den Beginn seines Glaubenslaufes und macht ihn zu einem Nachfolger Jesu. Alle weiteren Verhaltensänderungen, ohne die erste Buße dienen nicht dem Einzug in den Himmel. Allein die Abkehr unseres gottlosen Lebens – also einem von Gott losgelösten Leben hin zu Gott – ist die Entscheidende!

Wenn Sie nun abschließend fragen: „Was genau muss ich tun, um ewiges Leben zu erhalten?", dann antworte ich Ihnen:

Glauben Sie an Jesus Christus, der als wahrer Mensch und wahrer Gott von der Jungfrau Maria geboren wurde, als einziger Mensch ein sündenfreies Leben führte, für Ihre Sünden am Kreuz von Golgatha gestorben, und am dritten Tag auferstanden ist.
Glauben Sie an die Trinität Gottes. Der Vater und der Sohn und der Heilige Geist sind Eins und Drei gleichermaßen. Sie bilden eine untrennbare Einheit miteinander.

Ist dann alles getan oder muss ich noch mehr Buße tun?
Jeder Jünger Jesu ist eifrig darin bestrebt, in allen Dingen Buße zu tun. Der Glaubenslauf beginnt mit der Hinwendung, oder Bekehrung, zu Jesus und dauert ein ganzes Leben an.
Beten Sie um Vergebung Ihrer Sünden und um die Hilfe Gottes. Beten Sie, Gottes Willen zu erkennen und umzusetzen. Gottes Wille soll unser Wille sein, und was Er nicht will, das wollen wir auch nicht.
Wer so betet gleicht einer Zwiebel, die Schicht für Schicht durch den Heiligen Geist abgepellt wird und schließlich mit jeder Buße im Glauben, Jesus ähnlicher wird.

Damit wird deutlich, dass die biblische Buße ein lebenslanger Prozess darstellt, und nicht mit nur einem Gebet vollbracht ist.

Sehen Sie mir bitte nach, dass ich das so eindrücklich formuliere, denn erst mit der Wiedergeburt wird aus einem Geschöpf Gottes ein Kind Gottes. Aus einem natürlichen Menschen wird ein Christ.

Und hierin liegt unsere einzig wahre Aufgabe im Leben: Jeder Mensch hat die Mission, zurück zu Gott zu finden, um sein Leben Gott zu widmen, und als Lohn in Seine Herrlichkeit einzugehen!

In der Apostelgeschichte beschreibt der Apostel Paulus Buße folgendermaßen:

Tut Buße, und jeder von euch lasse sich taufen auf den Namen Jesu Christi zur Vergebung eurer Sünden, so werdet ihr empfangen die Gabe des Heiligen Geistes. (Apg. 2,38 LUT)

Nur die Lebenden sind in der Lage, unseren Retter und Heiland, Jesus Christus anzubeten und an Ihm festzuhalten. Den Toten schenkt Gott kein Gehör.

Schlittenfahrt ins Vertrauen

Mein Vater drückt meine Hand, sieht auf den Weg vor uns und fragt mich sehr ernst:
„Wollen wir das wirklich tun?"
An seinen schmalen Lippen erkenne ich die Skepsis. Aus Angst, dass er das versprochene Abenteuer abbricht, nicke ich heftig und rufe: „Aber ja!"
Er kratzt sich am Bart, verzieht die Mundwinkel zu einem Lächeln und schwingt den Schlitten von der Schulter. Wir gehen an den Beginn des Naturrodelweges. Mein Vater zeigt mir, dass ich vorne sitze, und platziert sich hinter mir.
Er zieht die Schnur unseres Holzschlittens straff und schiebt uns mit den Fersen an.

Die Fahrt geht los.
Schnee peitscht mir ins Gesicht, ich sehe den Abgrund neben mir, Bäume und Fels überall. Er stemmt die Ferse in das Eis-Schnee Gemisch neben der Kufe und verlagert sein Gewicht. Diese Kurve haben wir überstanden.

Die felsige Wand auf der anderen Seite ist so nah an meinem Gesicht, dass eine Wurzel mein Gesicht streift. Ich schließe die Augen und spüre, wie mir abwechselnd Schnee auf die eine und andere Gesichtshälfte klatscht. Ich klammere mich an den Arm meines Vaters und presse das Kinn gegen meinen Schal.

Als wir schließlich das Ende des Weges erreichen, merke ich, wie fest nicht nur ich meinen Vater, sondern wie stark auch mich mein Vater hält.

Wir steigen vom Schlitten und ich sehe, wie seine Hand zittert. Er sieht mich an und sagt, wenn er gewusst hätte, wie gefährlich das werden würde, hätte er diese Strecke nicht gewählt.
Der Schlitten blieb fortan im Keller stehen.

Diese wahre Geschichte steht nicht nur für das Vertrauen von mir zu meinem Vater, sondern soll einen Bogen zu unserem himmlischen Vater spannen.
Mir blieb, während der rasanten und stellenweise gefährlichen Fahrt nichts anderes übrig, als meinen Vater einfach machen zu lassen. Jedes eigene Eingreifen hätte schlimme Verletzungen provoziert.

Rufen wir uns Mose in Erinnerung, der mit dem ganzen Volk Israel vor dem Schilfmeer steht und weder vorwärts gehen, noch umkehren kann. Die Wüste und der tobende Pharao samt Heer hinter ihm und unüberwindbares Wasser vor sich. Gott führt Mose zielsicher an die eine Stelle, an der Er das Meer teilt.

Ein fester Weg aus Stein zeigt sich auf dem Grund des Meeres und liegt vor ihnen, deshalb versinkt keiner der vollgeladenen Wagen und niemand gleitet aus. Gott lässt die Wasser so lange aufgetürmt und bannt den Pharao hinter der Wolkensäule, bis der letzte Fuß Seines Volkes sicher am anderen Ufer steht.
Gott führt sie aus dem Land des satan zu Sich.

Heute geht wohl niemand auf dem Grund des Schilfmeeres, und doch glaube ich, geistlich betrachtet, dass unser aller Glaubensweg zu jeder Zeit und szenischer Darstellung, derselbe ist. Nicht einer der Hebräer wäre vor dieser Kulisse stehengeblieben, doch wie sieht es heute aus? Bleiben wir gelegentlich stehen und ruhen uns aufgrund wohlklingender Worte aus, oder wollen gar umkehren?

Der Mut der Hebräer lädt zum Nachdenken ein, ob auch heutige Christen – und vor allem man selbst – denselben Glauben besitzen, entschlossen voranzugehen.
Ich möchte Ihnen mitteilen, was Gott mir gezeigt hat, als ich in einer schwierigen Situation war, die sich meinem Einfluss vollständig entzog, und ich Jesus um Unterstützung anflehte.

An einem Morgen im Februar fuhr ich mit dem Auto durch einen Wald, der gefrorene Tau glitzerte im Sonnenlicht neben der Fahrspur und ich erhielt vom Heiligen Geist eine Erkenntnis.

Im Moment unserer Wiedergeburt, steht jeder Jünger am Rand des Schilfmeeres. JHWH teilt es für alle Seine Kinder zu jeder Zeit und macht den Weg zu Sich, ins himmlische Land, frei.
Dunkle, tosende, baumhohe Wasserwände neben uns, die kreischende Welt hinter uns. All die gottlosen mit ihren großartigen Ratschlägen, Ablenkungen, Irrlehren, Denunzianten, Zweifler und Versuchungen aller Art lauern hinter den Wasserwänden. Manchmal greifen sie nach uns, doch wir gehen mit festem Blick auf das Licht Jesu gerichtet, immer weiter. Schritt für Schritt. Bis wir bei Ihm sind!

Wichtig ist das Weitergehen, nicht stehenbleiben und sich auf vergangene Erfolge im Glauben ausruhen. Ich möchte Sie ermutigen: Bitte verharren Sie nicht im Status Quo oder verwerfen das Geschenk der Gnade, wie Esau sein Erstgeburtsrecht. Ihm war ein voller Magen wichtiger als der verheißene Segen.

Da gab ihm Jakob Brot und das Linsengericht, und er aß und trank und stand auf und ging davon. So verachtete Esau seine Erstgeburt. (Gen. 25,34 LUT)

Auch wiedergeborene Christen haben heute ein Erstgeburtsrecht. So sind wir, die wir einst feinde Gottes waren, nach der Wiedergeburt Gottes Kinder geworden. Jesus macht uns nach unserer Bekehrung zu Ihm hin, zu Seinen Kindern, Braut, Freunden und Erben.
Glauben wir, dass es so ist, und halten die Verheißung fest. Beten wir zu Gott, dass Er uns den Heiligen Geist schenkt und in Seiner Wahrheit sicher leitet.

Der unbekannte Autor schreibt in seinem Brief an die Hebräer, was Glaube bedeutet.

1 Es ist aber der Glaube eine feste Zuversicht auf das, was man hofft, eine Überzeugung von Tatsachen, die man nicht sieht. (Hebr. 11,1 SLT)

In dem Brief an die Römer schreibt Paulus, was die Hoffnung der Christen ausmacht.

24 Denn auf Hoffnung hin sind wir errettet worden. Eine Hoffnung aber, die man sieht, ist keine Hoffnung; denn warum hofft auch jemand auf das, was er sieht? (Röm. 8,24 SLT)

Wir vertrauen Gott, dass Er uns sicher führt. Dabei ist es nicht entscheidend den Glaubenslauf möglichst schnell zu bestreiten. Es ist wichtig, ihn stetig und gewissenhaft voranzugehen.

Dafür darf keine Abkürzung genommen werden. Wenn Sie zum himmlischen Vater gelangen wollen, dann ist Jesus der Weg. Zunächst mag das abstrakt klingen, aber ich versichere Ihnen, mit jedem Tag im Glauben wird deutlicher, was das bedeutet.
Allerdings ist jeder Christ in der Verantwortung das selbst zu erfahren, deshalb will ich Ihnen einen Impuls im Glauben geben und von meinem bisherigen Weg berichten. Doch kann ich Ihnen Ihren Glauben weder abnehmen noch möchte ich ihn bestimmen.

Der Glaubensweg ist ein persönlicher Weg, deshalb sollen wir uns nicht mit anderen Christen vergleichen. Es gibt immer jemanden, der sich frömmer darstellt, lauter betet, besser singt oder länger der Bibel liest.

Gehen Sie Ihren eigenen Weg, nicht den eines anderen, und lassen Sie sich von Gott völlig neu ausrichten.

Als ich meinen Glaubenslauf begann, waren Kirchen und Freikirchen geschlossen. Es gab keine Möglichkeit eine Gemeinde zu finden und mich mit anderen Christen auszutauschen. Stattdessen hörte ich mir viele Predigten im Internet an. Das www ist voll von Predigern und Themen. So individuell, wie man selbst ist, gibt es den passenden Gottesdienst.

Nach einigen Wochen fiel mir auf, dass sich die Männer Gottes in grundsätzlichen Themen uneins waren. Kann ich mein Heil verlieren? Die einen sagen Ja, die anderen Nein. Was denn nun?

Unbewusst hörte ich demjenigen lieber zu, dessen Antwort mir besser gefiel. Aber hat er deshalb recht?

Ich gestehe offen, dass ich mir nur deshalb so viel anhörte, weil ich Mühe mit der Bibel hatte. Etliche Passagen verstand ich nicht. Da war es praktischer, sich die Bibel von denen erklären zu lassen, die sie studierten, und ihre Abschlüsse in der Theologie machten.

Ich wollte so viel wie möglich über Gott lernen. Doch es geschah das Gegenteil, ich fühlte mich Gott nicht mehr nahe, sondern fremd.
Meine Gebete flachten ab, mein Feuer erlosch zusehends, ich redete nicht mehr mit, vielmehr über Gott. Ich wurde beinahe zu einem gottlosen Christen.
Mein Fehler war, dass ich über Gott und mit dem feind sprach, dabei sollen wir nur mit Gott sprechen und nie mit dem feind.

Auf unseren Glaubenslauf können wir nicht mauscheln. Zu Jesus hin gibt es keine Abkürzung. Wie hätten die Israeliten im Schilfmeer abkürzen können?
Nein, wenn wir starten, müssen wir beständig weiter gehen.

Gott hat jeden Israeliten aus dem Buch Exodus, Kapitel 14, sicher durch die Wasser geführt. Das macht Er mit uns auch. Jeder von uns geht den Weg, den Gott vorherbestimmt. Woher wissen wir, dass wir richtig gehen? Aus Gottes Wort, kindlichen Gebeten und der aufrichtigen Hingabe zu Gott.

Stellen Sie sich vor ...

... Sie stehen an einer Weggabelung, und der eine Wegweiser beschreibt den sicheren Weg an Ihr Ziel, und der andere verspricht auch das Ziel, verschweigt aber den Treibsand auf dem Weg.

Welchen wählen Sie? Natürlich den sicheren. Was aber, wenn ein bösewicht die Schilder vertauscht hat?
Dann verlassen Sie sich auf den Hinweis und versinken im schlimmsten Fall doch im Treibsand.

So verhält es sich mit Christen, die Jesus zwar namentlich kennen, aber eine Abkürzung zum himmlischen Vater nehmen wollen und sich auf Menschenlehre verlassen. Um den Weg in den Himmel zu gehen, muss jeder Christ in seiner persönlichen und individuellen Art Jesus kennenlernen und Ihm folgen.

Lange nachdem ich keine Predigten mehr hörte, alles bis dahin Gehörte wegschob, mich aus allen Social-Media-Kanälen abmeldete, Buße über mein Verhalten tat und die Bibel unter Gebet ganz neu las, öffnete mir der Heilige Geist das Wort Gottes.
Mit jedem Tag der Nachfolge wird der Glaube an Jesus Christus schöner, praktischer in der Anwendung, und die Bindung zu Gott festigt sich.

In einer Rückblende möchte ich Ihnen schreiben, was ich meine.

Nachdem Jesus mich rettete, kaufte ich mir eine Bibel, setzte mich aufs Sofa und betete, ob Gott mir einen Vers geben würde, der mei-

nen Glauben begleitet. Einen Vers nur für mich, an dem ich mich festhalten könne.
Gott erhörte mein Gebet und gab mir Hiob 19,25

Denn ich weiß, dass mein Erlöser lebt, und zuletzt wird er sich über den Staub erheben. (SLT)

Der Vers passt zu mir und meinem Leben. Ja, ich halte mich an diesem Vers fest.
Zur Recherche dieses Buches, las ich erneut das Buch Hiob und freute mich auf *meinen* Vers.

Wie erstaunt war ich, dass der Vers nicht für sich alleinsteht, sondern zusammen mit den Versen 26 und 27 eine Einheit bildet und Hiobs Sehnsucht zu Gott in tiefer Demut ausdrückt. Noch erstaunter war ich, als die Verse mir aus dem Herzen sprachen.

25 Ich weiß, dass mein Erlöser lebt, und zuletzt wird er sich über den Staub erheben.
26 Und nachdem diese meine Hülle zerbrochen ist, dann werde ich, von meinem Fleisch los, Gott schauen;
27 ja, ich selbst werde ihn schauen, und meine Augen werden ihn sehen, ohne [ihm] fremd zu sein. Danach sehnt sich mein Herz in mir!

Wenn die Bibel so greifbar und persönlich wird, gehen wir in der Mitte unseres Weges. Dafür ist es wichtig, sich nicht nur auf einen Aspekt des Glaubens zu beschränken, vielmehr jeden Tag neu nach Jesus streben. Daran glaube ich fest.

Das Lesen der Bibel ist ein enorm wichtiger Part eines erfolgreichen Glaubens, doch wer Gottes Wort ohne Gott liest, erliegt alsbald einer menschlichen Interpretation. Menschen irren, Gott nicht.

Fragen wir doch den Autor der Bibel, was Sein Wort für jeden einzelnen von uns bedeutet. Zu fragen ist das Vorrecht eines Christen.

Gott selbst nährt unseren Glauben, denken Sie an den römischen Hauptmann aus dem Evangelium nach Lukas, Kapitel 7.
Der römische Hauptmann aus Kapernaum erkennt, losgelöst von den traditionellen jüdischen Schriften und seinen zahlreichen Göttern, dass Jesus Gottes Sohn ist und seinen Diener zu retten vermag. Der Hauptmann bittet in Demut um Jesu Hilfe und hat Fürsprecher im Ältestenkreis der Juden. Er hält sich selbst für unwürdig, dass Jesus sein Haus betritt, stattdessen schickt er seine Freunde zu Jesus zu gehen, so sehr fürchtet er Ihn. Sein gesamtes Verhalten und selbstloser Glaube gefällt Jesus und Er erbarmt sich über den Hauptmann und seinen Diener.

Lesen wir die Verse im Ganzen, um einen Eindruck seines tiefen Glaubens zu bekommen.

1 Nachdem er aber vor den Ohren des Volkes alle seine Reden beendet hatte, ging er hinein nach Kapernaum. 2 Und ein Knecht eines Hauptmanns, den jener schätzte, lag krank und war am Sterben. 3 Als er aber von Jesus hörte, sandte er Älteste der Juden zu ihm mit der Bitte, er möge kommen und seinen Knecht retten. 4 Als diese zu Jesus kamen, baten sie ihn eindringlich und sprachen: Er ist es wert, dass du ihm dies gewährst; 5 denn er hat unser Volk lieb, und er hat uns die Synagoge erbaut.

6 Da ging Jesus mit ihnen hin. Und als er schon nicht mehr fern von dem Haus war, schickte der Hauptmann Freunde zu ihm und ließ ihm sagen: Herr, bemühe dich nicht; denn ich bin nicht wert, dass du unter mein Dach kommst! 7 Darum hielt ich auch mich selbst nicht für würdig, zu dir zu kommen; sondern sprich nur ein Wort, so wird mein Knecht gesund! 8 Denn auch ich bin ein Mensch, der unter Vorgesetzten steht, und habe Kriegsknechte unter mir; und wenn ich zu diesem sage: Geh hin!, so geht er; und zu einem anderen: Komm her!, so kommt er; und zu meinem Knecht: Tu das!, so tut er's.
9 Als Jesus das hörte, verwunderte er sich über ihn und wandte sich um und sprach zu der Menge, die ihm nachfolgte: Ich sage euch: Einen so großen Glauben habe ich in Israel nicht gefunden! 10 Und als die Abgesandten in das Haus zurückkamen, fanden sie den kranken Knecht gesund.

Ein Heide zeigt einen tieferen Glauben als diejenigen, die die Schrift in- und auswendig kennen und Jesus immerzu prüfen. Aus dem Grund fordern sie ständige Zeichen und Wunder. Sie sehen und erkennen doch nicht. Daraus lässt sich ableiten, dass das alleinige Lesen und eigene Interpretieren der Schrift nicht ausschlaggebend für einen erfolgreichen Glauben sind.

Kann es auch nicht, denn die Gesamtheit aus Gottes Wort, Beten und einem geöffneten Herzen in der Hingabe zu Gott, ist der Glaubensweg. Oder anders ausgedrückt; kindlicher Glaube, beten, die Bibel lesen und Sein Wort umsetzen. Das Lesen der Bibel und Gebet sollten untrennbar sein!

Wer aber aus den falschen Motiven heraus vorgibt zu glauben, zum Beispiel aus Selbstprofilierung oder an einen anderen Gott als den in der Bibel, ja wenn an der trinitarischen Gottheit der Bibel etwas abgeschnitten wird, begibt man sich auf gefährliches Terrain.

Ich möchte Ihnen ein Beispiel aus meinem Leben geben, wie Gott mir unser aller Glaubensweg zeigte.

Ich wandere im November 2024 über einen Asphaltweg, die Felder sind abgeerntet, der Nebel ist dicht. Die Wolken scheinen den Boden zu berühren. Die feuchte Luft kratzt in meiner Lunge. Ich gehe die Biegung entlang, der Weg verändert sich zu Schotter und steigt steil an.

Die Steine sind rutschig, der Untergrund ist uneben. Der starke Regen der letzten Wochen hat tiefe Furchen ausgespült.
Ich achte auf jeden Schritt, rutsche mehrfach weg und bin außer Atem. Und auch ein bisschen genervt. Habe kein Handy dabei und bin alleine unterwegs. Ich bleibe stehen und will umkehren.

Aber den Weg runtergehen, nee, dann lieber weiter rauf.
Oben angekommen, bin ich froh und erkenne, dass unser Glaubensweg genauso ist.
Steinig, allein, voller Fallen, anstrengend und stellenweise gefährlich. Aber wenn wir an der Hand Jesu einen Schritt nach dem anderen gehen, kommen wir ans Ziel.

Gehen wir Schritt für Schritt im Vertrauen auf Gott.

Ein mögliches Gebet, um im Vertrauen auf Jesus Seinen vorherbestimmten Weg zu bestreiten, könnte dieses sein:

Himmlischer Vater, ich bete zu Dir im Namen Jesus Christus und in der Kraft des Heiligen Geistes, bitte halte mich in der Mitte Deines rechten Pfades.

Ich will nicht abgleiten oder zu nahe an den Rand geraten. Die Dornen am Wegesrand dürfen mich nicht erreichen. Auf Dich will ich blicken, den Blick nach oben zu Dir gerichtet und nicht nach unten in die Welt.

Hilf mir, unerschütterlich an Dich zu glauben und hilf mir, meinen Unglauben loszuwerden. Wenn ich falsch gehe, so hole mich auf den Pfad der Gerechtigkeit zurück. Ich vertraue Dir, dass Du mich sicher führst.
In Jesu Namen! Amen!

Keine halben Sachen

Im Poker gibt es den Begriff *All-in*. Dabei setzt der Spieler alle seine Chips auf einmal, auch auf die Gefahr hin, alles zu verlieren. Im Glauben an Jesus Christus gibt es keine halben Sachen. Hier gibt es entweder *All-in* oder *All-out*. Im Gegensatz zum Poker verliert ein Christ niemals, wenn er Jesus als sein Fundament bekennt. Jeder Christ muss *All-in* gehen, wenn er den eigenen Glaubenslauf erfolgreich beenden und den unvergänglichen Siegeskranz erlangen will.

Jeder aber, der sich am Wettkampf beteiligt, ist enthaltsam in allem – jene, um einen vergänglichen Siegeskranz zu empfangen, wir aber einen unvergänglichen (1.Kor. 9,25 SLT)

Der Apostel Paulus vergleicht den Glaubenslauf in Christus mit einem kräftezehrenden Wettkampf. Er stellt dabei zwei Wettkämpfer gegenüber: Jene, die den vergänglichen Siegeskranz empfangen und jene, die den unvergänglichen erlangen.

Mit anderen Worten spiegelt der Vers die Gegenüberstellung von Menschen wider, die mit einem ungeteilten Herzen auf Jesus blicken und *All-in* gehen, im Gegensatz zu jenen, die in ihrem Bestreben ans Ziel zu gelangen, auf sich selbst setzen. Wer nicht an die notwendige Erlösung und Vergebung der eigenen Sünden, um seiner Seele willen glaubt, lebt möglicherweise ein ziemlich unbeschwertes Leben auf dieser Erde, verfehlt aber das Ziel. Bitte täuschen Sie sich nicht. Ein Leben ohne Konsequenzen gibt es nicht und ist ein übler Betrug des satan.

Die Bibel spricht in Genesis 4,6-7 das erste Mal über ein ungeteiltes Herz.

6 Und der Herr sprach zu Kain: Warum bist du so wütend, und warum senkt sich dein Angesicht? 7 Ist es nicht so: Wenn du Gutes tust, so darfst du dein Haupt erheben? Wenn du aber nicht Gutes tust, so lauert die Sünde vor der Tür, und ihr Verlangen ist auf dich gerichtet; du aber sollst über sie herrschen!

Diese Verse spricht Gott zu Kain, der eifersüchtig auf seinen Bruder Abel ist, denn Gott sieht dessen Opfergabe wohlwollend an. Warum? Weil Abel diese aus reinem Herzen darbringt. Abel gibt als Opfer das erstgeborene Lamm, ein deutlicher Hinweis auf Jesus, Kain dagegen gibt aus Selbstgerechtigkeit.
In der Martin Luther Übersetzung aus dem Jahr 1912 wird der Vers 7 etwas anders übersetzt und macht deutlich, warum Kain nicht gnädig angesehen wurde.

7 Ist's nicht also? wenn du fromm bist, so bist du angenehm; bist du aber nicht fromm, so ruhet die Sünde vor der Tür, und nach dir hat sie Verlangen; du aber herrsche über sie.

... wenn du fromm bist, so bist du angenehm ...

Mit dieser Aussage sagt JHWH jedem Menschen schon am Anfang Seines Wortes, welche Herzenshaltung Er von uns erwartet.
Die Elberfelder Bibel schreibt

Ist es nicht ⟨so⟩, wenn du recht tust, erhebt es sich? (Gen. 4,7 ELB)

Wie wertvoll diese Aussage ist und was sich dahinter verbirgt, wird in dem Gleichnis der zehn Jungfrauen aus Matthäus 25, 1-13 deutlich.

1 Dann wird das Reich der Himmel zehn Jungfrauen gleichen, die ihre Lampen nahmen und dem Bräutigam entgegengingen. 2 Fünf von ihnen aber waren klug und fünf töricht. 3 Die törichten nahmen zwar ihre Lampen, aber sie nahmen kein Öl mit sich. 4 Die klugen aber nahmen Öl in ihren Gefäßen mitsamt ihren Lampen. 5 Als nun der Bräutigam auf sich warten ließ, wurden sie alle schläfrig und schliefen ein. 6 Um Mitternacht aber entstand ein Geschrei: Siehe, der Bräutigam kommt! Geht aus, ihm entgegen! 7 Da erwachten alle jene Jungfrauen und machten ihre Lampen bereit. 8 Die törichten aber sprachen zu den klugen: Gebt uns von eurem Öl, denn unsere Lampen erlöschen! 9 Aber die klugen antworteten und sprachen: Nein, es würde nicht reichen für uns und für euch. Geht doch vielmehr hin zu den Händlern und kauft für euch selbst! 10 Während sie aber hingingen, um zu kaufen, kam der Bräutigam; und die bereit waren, gingen mit ihm hinein zur Hochzeit; und die Tür wurde verschlossen. 11 Danach kommen auch die übrigen Jungfrauen und sagen: Herr, Herr, tue uns auf! 12 Er aber antwortete und sprach: Wahrlich, ich sage euch: Ich kenne euch nicht!
13 Darum wacht! Denn ihr wisst weder den Tag noch die Stunde, in welcher der Sohn des Menschen kommen wird.

Stellen Sie sich einmal vor, wie entsetzt die fünf törichten Jungfrauen gewesen sein müssen, als ihnen der Bräutigam sagt, Er kenne sie nicht. Der Bräutigam in diesem Gleichnis ist Jesus. Und Er kommt. Ja, Er wird bald kommen.

Im vorangegangenen Kapitel spricht Hiob seine Sehnsucht im Kapitel 19 aus, dass er Jesus nicht fremd sein will und formuliert seine Hoffnung, dass Jesus ihn kennen möge. Das lässt den Rückschluss zu, dass es nicht entscheidend ist, ob ein Mensch den Namen Jesus kennt, sondern, ob Jesus den Menschen kennt. Ich habe zur Erinnerung Vers 27 nochmals notiert.

... ja, ich selbst werde ihn schauen, und meine Augen werden ihn sehen, ohne [ihm] fremd zu sein.

Es scheint, als ob Jesus jeden Menschen bis zu seinem letzten lebenden Atemzug kennt, aber viele Ihn nicht. Dann aber, nach dem ersten Tod, wird jeder Mensch Jesus sehen und Seine Gottheit erkennen. Doch dann kennt Gott allein die, die Ihn schon zu Lebzeiten gesucht und Ihm ihr Leben gegeben haben.
Was ist also notwendig, damit wir Jesus kennen und Er uns ebenso?
In dem Gleichnis der zehn Jungfrauen wird auf das Öl verwiesen, folglich ist dies etwas sehr Besonderes. Weit verbreitet ist die Annahme, dass es sich bei dem Öl der klugen Jungfrauen um den Heiligen Geist handelt. Damit gehe ich d'accord, aber meiner persönlichen Ansicht nach, besteht das Öl aus mehreren Ingredienzen. Ein ungeteiltes Herz beinhaltet den gesamten Lebenswandel eines Christen, also seine vollständige Herzenshaltung gegenüber Gott.

Abel und die fünf klugen Jungfrauen führen einen frommen, konsequenten Lebenswandel. Sie trachten nach Jesus, stellen Ihn an die erste Stelle in ihrem Leben, und wollen Gott gefallen. Hiob entsagt sich seinem Geschwätz, tut Buße über sein Verhalten und ehrt fortan Gott.

Jeder Christ, der mit dem Heiligen Geist versiegelt ist, trägt dieses Bestreben in sich und will nichts anderes, als Gott zu gefallen.
Deshalb sieht Gott das Opfer Abels an und kennt die klugen Jungfrauen.

Trachtet vielmehr zuerst nach dem Reich Gottes und nach seiner Gerechtigkeit, so wird euch dies alles hinzugefügt werden! (Mt. 6,33 SLT)

Kain und die törichten Jungfrauen richten sich auf sich selbst aus. Bei Kain wird das durch die Martin Luther 1912 Übersetzung deutlich. Kain verhält sich nicht fromm oder recht, wie in der Elberfelder Bibel geschrieben steht, gegenüber Gott.

Aber Kain und sein Opfer sah er nicht gnädig an. Da ergrimmte Kain sehr und seine Gebärde verstellte sich. (Gen. 4,5 ML 1912)

Das Opfer, das Abel gab, war der Erstling seiner Herde. Das Opfer aber, das Kain gab, sah er als seine eigene Leistung an. Das ist Selbstgerechtigkeit und Stolz.

Das Öl aus den Laternen der törichten Jungfrauen verbrannte. Auch ihre mitgeführten Kannen waren leer.
Das Öl der klugen Jungfrauen war vorhanden und ihre Laternen brannten.

Daraus schließe ich, dass in dem Gleichnis das Öl in der Laterne und das mitgeführte Öl in der Kanne der klugen Jungfrauen nicht ausschließlich den Heilige Geist beinhaltet, sondern die Kombination aus einem gottgefälligen Lebenswandel und dem Heiligen Geist darstellt.

Der von Paulus beschriebene Wettkampf dauert an, ebenso verläuft der Glaubenslauf ein Leben lang.

Es scheint, als würden sich heutige Christen ein Beispiel an den törichten Jungfrauen nehmen, denn wie die Jungfrauen in der Bibel, starten auch sie verheißungsvoll und verändern im Laufe der Zeit ihre Haltung gegenüber dem Heiligen Geist.

Wie komme ich darauf?

In unzähligen Gesprächen mit Gelehrten und Sonntags-Christen habe ich erfahren, dass der Heilige Geist für sie ein nebulöses Geistwesen ist, das lose mit Gott zusammenhängt. Aber nie wird Ihm der Stellenwert beigemessen, der Ihm gebührt. Der Heilige Geist ist Gott. Folglich wäre es töricht, Ihn zu vernachlässigen.

Manche Christen versuchen, buchstäblich auf zwei Hochzeiten zu tanzen. Gott vielleicht am Sonntag in der Kirche, die restliche Woche jedoch ein rein irdisches Leben nach der eigenen Fasson. Doch ein geteiltes Herz, verbrennt das Öl in der eigenen Laterne.

Ich appelliere an Sie in größter Liebe: Lernen Sie den Heiligen Geist kennen und halten Sie das Feuer des Heiligen Geistes in Ihnen am Brennen!

Keep on fire!

Ich möchte Ihnen mitteilen, wie ich meine Sichtweise erhielt.

Ein angenehmer Geruch kitzelte meine Nase. Ich schloss die Augen und sog den Duft tief ein. Eindeutig Flieder. Aber hier? Am See?

Ich schaute mich um, konnte ihn aber nirgends zwischen dem üppigen Schilf und den blühenden Sumpfveilchen, die den Uferbereich säumten, entdecken.

Ich dankte meinem himmlischen Vater für dieses wunderbare Erwachen der Natur und ging weiter. Pappeln säumten den Weg und der feuchte Untergrund fühlte sich weich und angenehm an. Das Klappern der Störche ertönte ganz in der Nähe. Über das Wasser schwirrten glitzernde Libellen.

Mein Herz war voller Freude über Gottes Schönheit in Seiner Schöpfung. Ich genoss die Fülle an Eindrücken um mich herum und griff einen Gedanken neu auf, der mich bewegte.

Ich fragte Gott, was der Unterschied zwischen den klugen und den törichten Jungfrauen sei. Ich durchdachte das Gleichnis mehrfach hintereinander, suchte nach Hinweisen. Überlegte, wo in der Bibel an anderer Stelle kluge und törichte Menschen gegenübergestellt werden.

Meine Überlegung unterbrach, als ein Höckerschwan wenige Meter neben mir mit kräftigen Flügelschlägen auf die Wasseroberfläche schlug und die ganze Länge des Sees nutzte, um Geschwindigkeit für den Start zu gewinnen.

Während ich ihm nachsah, hörte ich einen deutlichen Gedanken:
Es ist die Herzenshaltung!

Halleluja!
Gott gab mir die Antwort auf meine Frage.
Ich stand still und merkte, wie mein Lächeln immer größer wurde.
Danke JHWH!

Aktionsmotivierte Herzensfülle

Ein Traum Juli 2024

Ich stehe eng gedrängt zwischen Menschen im Halbkreis. Schweißgeruch umweht meine Nase. Deo wäre angebracht, noch besser eine Dusche. Doch da mischt sich noch ein anderer Geruch unter. Ich brauche eine Weile, bis ich den identifiziere. Rauch.
Jemand drückt mir seinen Rucksack gegen den Arm. Ich lehne mich zur Seite und spüre etwas Spitzes an meinem Arm. Ich kann diese Enge nicht ausstehen, habe aber keine Möglichkeit wegzugehen.
Wo ist mein Rucksack? Habe ich ihn vergessen?
Ich schaue zu meinen Füßen, doch ich sehe nur die Schuhe der Umstehenden.
Mein Blick fällt auf einen älteren Mann, der sich aus der Menge löst, nach vorne geht und eine Tasche hinter sich herzieht. Bei jedem Schritt ächzt er, bis er den steinernen Altar erreicht und in die Tasche greift. Er hält eine goldene Schale in die Höhe und legt sie auf den Altar. Noch eine. Und noch eine.
Einen silbernen Pokal stellt er zwischen die Gegenstände und eine glänzende Statue daneben. Er wiederholt das so lange, bis die Tasche leer ist. Er breitet die Arme über seine Gaben aus und bekundet laut, wie viel Mühe er aufgewandt hat, um all diese Dinge zu beschaffen.

Flammen schießen aus dem Altar und verbrennen in einem Augenblick alle Gegenstände. Die Flammen greifen auch nach dem Mann und er wird in den Altar gezogen.
Mein Puls rast, ich höre das Rauschen meines Blutes im Ohr.

Ein weiterer Mann geht zu dem Altar, lässt seinen Rucksack von der Schulter gleiten und spottet über seinen Vorgänger, dass dieser nicht die richtigen Gegenstände präsentiert hätte. Nachdem er seine auf dem Altar platzierte, verbrennen auch diese und er wird von den kreischenden Flammen eingefangen und verbrennt vor unseren Augen.
Ich schmecke Magensaft.
Ein erstickter Schrei entrinnt meiner Kehle, während ich zusehe, wie ein Mädchen ohne Tasche oder Rucksack am Altar vorbei an eine Treppe schreitet.
Sie betritt die erste Stufe. Das Mädchen leuchtet golden aus ihrem Inneren heraus. Sie tritt auf die nächste Stufe und auf eine weitere, bis sie vor einem Mann steht, den ich nicht wage anzuschauen. Ich blicke gebannt auf sie und sehe, wie sie ihre Hände geöffnet dem Mann entgegenhält.
Obwohl sie flüstert, höre ich sie deutlich sagen:
„Ich habe nur mein Herz.“
Der Mann antwortet mit einer warmen, alles durchdringenden Stimme:

„Das ist alles, was Ich will.“

Ich wache auf.

Im vorangegangenen Kapitel schnitt ich das Thema der Selbstgerechtigkeit an. In diesem möchte ich näher darauf eingehen. Das Fazit aus diesem Traum ist: Eigene und von Gott losgelöste Aktionen verbrennen auf Seinem heiligen Altar. Kein Mensch kann vor Gott bestehen, nicht einer.

Paulus schreibt in seinem Brief an die Römer in Kapitel 3, Vers 10 sehr deutlich ...

... wie geschrieben steht: »Es ist keiner gerecht, auch nicht einer;

Den Begriff der Werksgerechtigkeit möchte ich nicht verwenden, denn es handelt sich um einen, von Martin Luther geprägten Ausdruck, der sich unter anderem auf den Römerbrief von Paulus bezieht und ausdrücklich beschreibt, dass die Israeliten nicht durch das Halten des mosaischen Gesetzes gerettet werden.
Paulus erklärt, allein eine persönliche Beziehung zu unserem allmächtigen Gott und Schöpfer in Jesus Christus rettet. Dann erst bewirkt Gott selbst die Taten des Glaubens in Seinen Nachfolgern. Alles andere sind tote Aktionen.

Im deutschsprachigen Raum verwenden viele Christen den Terminus Werksgerechtigkeit, um die Taten anderer Christen zu eruieren und meinen es eigentlich gut, doch der Begriff passt nicht. Und somit passt auch der Zusammenhang nicht mit dem überein, was sie ausdrücken wollen.

Ich betone nochmals, dass ich nicht werte, sondern einen Impuls geben möchte, den eigenen Glauben vor Gott zu prüfen.
Aber ich halte es für notwendig, einen neuen Ausdruck zu prägen und distanziere mich in meinen Erläuterungen von dem Ausdruck Werksgerechtigkeit in der Verwendung Luthers.

Die Veränderung von Worten ist eine erfolgreiche Strategie des satan. Warum? Weil viele biblische Worte ihrer Bedeutung entleert und die verbleibende Hülle mit sinnentfremdeten Inhalten gefüllt werden.

Denken wir an den Begriff der Buße. Bei der Aufforderung Buße zu tun, zuckt jeder kurz zusammen. In jedem Kopf spielen sich Szenen von Selbstgeißelung, Bestrafung oder Kasteiung ab. Aber das ist keine biblische Buße.

Die Welt hat in ihrer Definition des biblischen Begriffs die Buße mit Strafe gleichgesetzt, aber biblisch ist es eine Änderung der eigenen Gesinnung, wie wir bereits in der Apostelgeschichte lasen.

Oder denken wir an den Begriff Christ. In meinen Augen ist dies der heiligste, den wir auf Erden haben, und gleichzeitig der abgedroschenste. In Kapitel 6 erkläre ich meine Behauptung ausführlich.

Lassen Sie uns die Falle unterschiedsloser Worte erkennen und einen neuen Begriff verwenden, der die eigenen Taten in Religion oder eigenen Maßstäben bezeichnet.

Aktionsmotivierte Herzensfülle beschreibt die eigenen Anstrengungen von Menschen, allen voran Christen, die dem Betrug erlegen sind, durch gute Taten keine Erlösung mehr durch Jesus Christus zu benötigen.

Im Folgenden wird deutlich, was ich damit ausdrücken möchte.

Aus eigenen Anstrengungen heraus gefällt kein Mensch Gott, weil wir durch die Sünde von Ihm getrennt sind. Sünde ist der Zustand, den jeder Mensch von Geburt an hat.

Siehe, in Schuld bin ich geboren, und in Sünde hat mich meine Mutter empfangen. (Ps. 51,7 ELB)

Dabei spielt es keine Rolle für wie klug, lieb oder engagiert man sich selbst hält. Wenn das Bestreben, Gutes zu tun, nicht im Gleichklang mit Gottes Herzen klingt und nicht aus Seinem Willen heraus geschieht, wird es einem Menschen nicht zum Einzug in das himmlische Jerusalem dienen.

Jeder Mensch wird einmal vor Gott stehen. Dann werden Bücher aufgeschlagen. Jede Tat, jedes Wort und jeder Gedanke werden offengelegt und nach den eigenen Taten oder Werken wird ein Mensch gerichtet! Der eigene Wandel zu Lebzeiten ist es, der das eigene Urteil im Gericht Gottes fällt.

Und ich sah die Toten, beide, groß und klein, stehen vor Gott, und Bücher wurden aufgetan. Und ein anderes Buch ward aufgetan, welches ist das Buch des Lebens. Und die Toten wurden gerichtet nach der Schrift in den Büchern, nach ihren Werken. (Off. 20,12 LUT 1912)

Und ...

... wie könnte ein Mensch in Gottes Augen schuldlos sein? (Hi. 9,2 Neues Leben. Die Bibel)

Die Vorstellung, dass man im Göttlichen Gericht anfängt mit Jesus zu diskutieren, ist in meinen Augen absurd und blasphemisch. Denn wer sind wir Menschen, als dass wir vor dem Angesicht unseres Gottes in aller Herrlichkeit und Gerechtigkeit – also Gott dem himmlischen Vater und Gott dem Sohn und Gott dem Heiligen Geist, sowie aller Heiligen und dem gesamten himmlischen Heer – stehen und ernsthaft glauben, auch nur einen Ton aus sich herauszubringen?

Wenn es jemand darauf anlegte, mit Gott zu streiten, so könnte er ihm von tausend Fragen nicht eine einzige beantworten. (Hi. 9,3 Neues Leben. Die Bibel)

Den möglichen Einwand, dass Menschen auch dann Gott gefallen, die sich nicht explizit um Jesus und Seine Rettung bemühen, wohl aber Gutes tun, will ich an dieser Stelle aufgreifen.

Den Menschen in seinem Wesen als gut zu präsentieren, ist eine weit verbreitete Lüge des satan. Doch sind wir so sozialisiert, dass wir sie nicht mehr als solche wahrnehmen. er verdreht Gutes und böses und bringt uns dazu, losgelöst von Gott zu leben. er schafft es, dass die Sintflut verlacht und die Hölle als verrückte Idee von Fanatikern betitelt wird.

Wann ist etwas Gutes tun wirklich gut? Wenn es dem Willen Gottes entspricht.

Woher kennen wir Gottes Willen? Aus seinem Wort, dass Er selbst jedem Seiner Nachfolger offenbart.

4 Du hast geboten, fleißig zu halten deine Befehle. 5 O dass mein Leben deine Gebote mit ganzem Ernst hielte. 6 Wenn ich schaue allein auf deine Gebote, so werde ich nicht zuschanden. (Ps. 119, 4-6 LUT)

Wenn ein Mensch sein Leben lang Gott ablehnt und tut, was er selbst für gut und angenehm hält, dann stellt das eine durch Aktionen erworbene Herzensfülle dar und ist nicht aus Gottes Willen. Damit wird es zur Sünde, weil sich der Mensch in den Mittelpunkt stellt und nicht mehr Gott.

Also, wenn der Mensch in seinem Mittelpunkt steht, ist das Sünde? Ja, ist es, denn man ist sich selbst ein Gott. Andere sagen ein Götze. Der Ausdruck mag differenzieren, die Bedeutung ist dieselbe.

Das ist ein wunder Punkt und auch unter Christen wird heftig diskutiert, ob eine aktionsmotivierte Herzensfülle gefährlich sei, oder nicht. Gilt der Mensch doch als human. Hier erkennt man schon die tückische Argumentation.

Human sein bedeutet Menschenfreundlichkeit, oder ein verantwortungsvolles Verhalten gegenüber seinen Mitmenschen. Die Definition ist durchweg positiv belegt.
Es gilt als ein entgegenkommender Charakterzug, sich in der Kirchengemeinde zu engagieren und wird folglich als gut bewertet.
In der Suppenküche Obdachlosen zu helfen, ist zweifelsfrei etwas Gutes.
Es geht mir nicht darum, engagierte Menschen zu diffamieren, sondern die Motivation des eigenen Handelns zu beleuchten.

Wir wissen, dass wir aus Gott sind und dass die ganze Welt sich im Bösen befindet. (1.Joh. 5,19 SLT)

Vor diesem Hintergrund ist es wichtig zu verstehen, dass es sich nicht um einen Kampf zwischen Menschen handelt, sondern den Kampf gegen böse Mächte.
Wir leben in einer Welt, die von Gott geschaffen wurde, aber gefallen ist und seit dem Sündenfall in der Gewalt des satan liegt. Jesus selbst betitelt satan als Fürst dieser Welt, denn ...

Jetzt gehet das Gericht über die Welt; nun wird der Fürst dieser Welt ausgestoßen werden. (Joh. 12,31 SLT)

Die Kluft zwischen dem heiligen und gerechten Gott und uns Menschen ist so groß, dass sie für uns unüberwindbar ist. Gott ist die Heiligkeit und kann das böse nicht anschauen.

Der Glaube an Jesus Christus ist unser Sieg, denn ...

... den Ungläubigen, bei denen der Gott dieser Welt den Sinn verblendet hat, damit sie den Lichtglanz des Evangeliums von der Herrlichkeit des Christus, der Gottes Bild ist, nicht sehen. (2.Kor. 4,4 ELB)

Etwas anders übersetzt die Hoffnung für alle den Vers

Sie hat der Satan, der Herrscher dieser Welt, so verblendet, dass sie nicht glauben. Deshalb sehen sie auch das helle Licht dieser Botschaft nicht, die von Christus und seiner Herrlichkeit spricht. Und doch erkennen wir Gott selbst nur durch Christus, weil dieser Gottes Ebenbild ist. (2.Kor. 4,4)

Denken Sie beispielhaft an Ihre Hochzeit. Ihre Gäste amüsieren sich prächtig, gedenken Ihrer bei jedem Anstoßen und Schwärmen im Nachgang von dem schönsten Fest seit Langem. Doch leider fand sie ohne Sie statt. Eine Hochzeit ohne Brautpaar? Absurd, oder?

Aber so verhält es sich bei Menschen, die annehmen, etwas Gutes zu tun und vielleicht sogar im Namen Gottes agieren, aber wenn Gott nicht der Mittelpunkt des eigenen Lebens ist, ist es nicht für Gott, sondern für sich selbst. Und das ist Götzendienst. Ich gehe sogar noch einen Schritt weiter und betitele dies als Lästerung Gottes.

Unterwerft euch nun Gott! Widersteht aber dem Teufel! Und er wird von euch fliehen. (Jak. 4,7 ELB)

Kain bringt ein Opfer dar, aber er tut aus der falschen Motivation heraus. Die törichten Jungfrauen sind zur richtigen Zeit am richtigen Ort und doch fehlt ihnen das Wichtigste – die aufrichtige Herzenshaltung.

Wie kann es sein, dass kein Mensch gerecht ist und Gott gefällt? Hat er uns doch geschaffen.

In Kirchen wird von der überströmenden Liebe Gottes zu uns berichtet und, dass wir alle in den Himmel gehen. Das ist eine fatale Lüge! Diese Missklänge haben biblisch kein Fundament und benebeln Christen massiv. Die Gelehrten wissen es oft nicht besser und die Zuhörer finden großen Gefallen an den unkritischen Worten. Warum ist das so?
Der Grund für diesen Zustand ist im Sündenfall zu finden.

Der satan greift Eva mit einer Halbwahrheit an. Dabei geht er sehr subtil vor, denn er säht Zweifel in ihr Vertrauen gegenüber Gott.

Sollte Gott wirklich gesagt haben, dass ihr von keinem Baum im Garten essen dürft? (Gen. 3,1)

satan stellt Gottes Wort in Frage und verdreht es beinahe unmerklich. er impliziert, dass Adam und Eva von keinem Baum im Garten essen dürfen. Aber das ist eine Halbwahrheit, denn sie dürfen von jedem Baum im Garten Eden essen. Außer, dem in der Mitte.
Im Übrigen, verwendet der satan diese Taktik auch heute und ist damit sehr erfolgreich.

Wiegen Sie sich bitte nicht in falscher Sicherheit, niemand ist vor ihm gefeit.
Die Kirchen sprechen die Wahrheit, wenn sie über die überströmende Liebe Gottes predigen, doch präsentieren sie den Menschen als sündloses Kind Gottes, das keiner Buße benötigt. Das steht mit keiner Silbe in der Bibel.

Ganz im Gegenteil.

Tu nun Buße über diese deine Bosheit und bitte den Herrn, ob dir etwa der Anschlag deines Herzens vergeben wird! (Apg. 8,22 ELB)

Die Annahme, dass der Mensch im Kern gut sei und nur aufgrund äußerer Umstände zur bösartigkeit getrieben würde, ist ein weitverbreiteter Irrglaube.
Lesen wir die Bibel nüchtern und betrachten eine weitere Stelle über die Notwendigkeit des einfachen beziehungsweise kindlichen Glaubens in der Apostelgeschichte 16, 23-40.
Paulus und Silas sitzen im Gefängnis und loben Gott. Ein Erdbeben geschieht und die Grundmauern wanken. Der Kerkermeister denkt, die Gefangenen wären geflohen und steht so unter Druck vor der zu befürchtende Strafe, dass er sich mit seinem Schwert töten will. Wie erschrocken und erleichtert zugleich muss der Mann gewesen sein, als er Petrus' Stimme hört und in die Zelle geht.

30 Und er führte sie heraus und sprach: Ihr Herren, was muss ich tun, dass ich gerettet werde? 31 Sie sprachen: Glaube an den Herrn Jesus, so wirst du und dein Haus selig! (SLT)

Die einzige Möglichkeit, sich gegen die Lügen und Halbwahrheiten des satan zu schützen, ist, das Wort Gottes zu kennen und sich aktiv um Weisheit und Einsicht des Heiligen Geistes zu bemühen und daraufhin die Anweisungen Gottes in einem kindlichen und einfältigen Glauben annehmen.

Der Kerkermeister führt Paulus und Silas zu sich nach Hause, säubert ihre Wunden und nimmt Petrus beim Wort. Der Mann bekehrt sich und glaubt an Jesus. In derselben Nacht lässt er sich mit seinem ganzen Haus taufen, also mit seiner Familie und Hausangestellten und deren Familien.

Und er nahm sie zu sich in jener Stunde der Nacht und wusch ihnen die Striemen; und er ließ sich auf der Stelle taufen, er und all die Seinen. (Apg. 16,33 SLT)

Der Glaube an Jesus Christus ist nicht kompliziert oder abstrakt, es gibt nur so viel Brimborium rundherum, dass man Jesus leicht aus dem Zentrum rücken kann.

Wie entgeht man dieser Falle?

Indem man die Bibel eigenständig liest und sich im Gebet nach Jesus ausstreckt. Jedes, den Glauben begleitende Buch oder Predigt ist lediglich eine Hilfestellung, um den Zugang zur Bibel oder zu Gott zu erleichtern. Aber sie ersetzen das eigene Bibelstudium und eigene Gebete nicht.

Und auch sollten alle Predigten und Schriften im Gebet geprüft werden. Auch dieses Buch.

Dazu passt die Jahreslosung für das Jahr 2025 sehr gut.

Prüft aber alles und das Gute behaltet. (1.Thes. 5,21 LUT)

Dann erkennt man die Entertainer und Prediger, die den Segen Gottes verkaufen, oder gar die Idee eines Immobilientauschs vorbringen. Dabei werden die irdischen Immobilien einer Kirche überschrieben, und beim Einzug in das himmlische Jerusalem steht eine gleichwertige Immobilie bereit. Gibt es nicht? Doch, leider.

Nur, wer sich eng an Jesus selbst schmiegt, erkennt die Dynamik von Gottesdiensten, die einer Massenhypnose gleichen, höchst spekulative Geschäftspraktiken oder auch die lieblosen Gottesdienste.

An dieser minimalen Aufzählung zeigt sich bereits, wie wandelbar und perfide der religiöse geist agiert. Wenn der religiöse geist in einer Gemeinde, Kirche oder Freikirche am Werk ist, kann die selbige nicht retten.

Kirchen oder Freikirchen als Institution retten überhaupt niemals; sie sind steinerne Gebäude, die keine Kraft oder gar rettende Eigenschaften besitzen.

Deshalb sind sie als Anbetungsort auch nicht entscheidend, vielmehr ist es der Christ selbst, denn der Heilige Geist wohnt in eben diesem. Damit ist jeder Christ der Tempel Gottes! Jeremia beschrieb in dem gleichnamigen Buch in Kapitel 7 ab Vers 4, warum steinerne Tempel oder heutige Kirchen nicht entscheidend für einen erfolgreichen Glaubenslauf sind. Er warnt eindringlich vor der augenscheinlich frommen Lebensweise.

Verlasst euch nicht auf trügerische Worte wie diese: »Der Tempel des HERRN, der Tempel des HERRN, der Tempel des HERRN ist dies!« 5 Denn nur wenn ihr euren Wandel und eure Taten ernstlich bessert, wenn ihr wirklich Recht übt untereinander, 6 wenn ihr die Fremdlinge, die Waisen und Witwen nicht bedrückt und an dieser Stätte kein unschuldiges Blut vergießt und nicht anderen Göttern nachwandelt zu eurem eigenen Schaden — 7 dann will ich euch an diesem Ort wohnen lassen, in dem Land, das ich euren Vätern gegeben habe, von Ewigkeit zu Ewigkeit. (Jer. 7,4-7 SLT)

Es gibt Prediger, die füllen ganze Stadien und bekommen viel Sendezeit im TV. Diese Gottesdienste folgen einer einstudierten Abfolge. Sie fangen seicht an, steigern die Dynamik mit Hilfe von Musik oder der Aufforderung aktiv mitzumachen und gipfeln nicht selten im Umfallen der Anwesenden.

In deutschen, vielleicht auch allen europäischen Kirchen gibt es auch ein Programm, welches die Gottesdienste strukturiert, ordnet und so beinahe lieblos durchgetaktet, dass kaum bis keine Zeit für selbständige Anbetung bleibt. In den meisten Fällen ist das auch nicht gewünscht, weil die Notwendigkeit einer persönlichen Beziehung zu Jesus nicht erkannt ist. Deutsche Gottesdienste wirken geradezu verkrampft. Da ist das scheinbar betont lockere doch eine willkommene Abwechslung. Doch Vorsicht! In diesen Massenveranstaltungen wird fast immer ein falsches Evangelium erzählt. Oft wird körperliche Gesundheit mit besonderem Göttlichen Segen gleichgesetzt und körperliche Gebrechen auf Sünden zurückgeführt. Das entspricht aber nicht Jesu Lehre. Und nicht jedes Lobpreislied ist auch wirklich eins. Musik ist ein enorm gefährliches Terrain und der satan macht vor Kirchenmusik nicht halt. Um eine solche Praxis zu erkennen, könnte man seine Glaubensroutine ändern und beispielsweise einen Gottesdienst ausfallen lassen und dafür selbständig beten.

Es mag in Deutschland engagierte und gottesfürchtige Prediger geben und ich will diesen nicht vor den Kopf stoßen. Ich schreibe diese Zeilen aus eigener Erfahrung heraus, und kenne nicht jeden Pfarrer persönlich. Aber was ich in den letzten Jahren an Gottesdiensten und Predigern selbst erlebt habe, lässt meinen Rückschluss zu. Zudem stütze ich mich auf die Bibel und bin vollauf begeistert, wenn es hingebungsvolle Prediger und Gottesdienste gibt, die Gott in die Mitte rücken. Gepriesen sei Gott für all jene Hirten!

Wenn Event-Gottesdienste und Liturgie also nicht Gottes Wille zur Anbetung sind, wie ist dann der Wille Gottes?
Um diese Frage zu beantworten, stellen wir einen beliebigen Gottesdienst dem Psalm 119 gegenüber.

Der Psalmist, des Psalms 119 beschreibt die Herzenshaltung, die jeder Christ an den Tag legen sollte. Psalm 117 ist der kürzeste Psalm der Bibel, Psalm 118 markiert die Mitte der Bibel, und Psalm 119 ist der längste Psalm der Bibel und der erste Psalm der zweiten Hälfte der Bibel.

Die Schönheit und das Geheimnis dieses Psalms liegen in seiner Länge, denn nur durch seine Wiederholungen wird unsere Abhängigkeit zu Gott deutlich. Der Psalmist drückt seine Sehnsucht nach Gott aus, harrt kompromisslos auf Ihn, und hält sich mit aller Kraft und in jeder Anfechtung an Gott fest.

Worin liegt der Unterschied zwischen herkömmlichen Gottesdiensten und dem Psalmisten? In der Hingabe zu Gott und einer stillen Anbetung, ohne Musik oder übertriebenem Lobpreis. Dieser Psalmist sehnt sich nach der Nähe zu Gott und tut es Hanna aus dem 1. Buch Samuel, Kapitel 1, gleich, die in aller Stille und Demut ihr Herz vor Gott ausschüttet.

So denke nun daran, wie du empfangen und gehört hast, und halte es fest und tue Buße! Wenn du nicht wachen wirst, werde ich kommen wie ein Dieb, und du wirst nicht wissen, zu welcher Stunde ich über dich kommen werde. (Off. 3,3 LUT)

Warum gibt es so viele Menschen, die unkritisch menschenge-
machten Praktiken gegenüberstehen?
Durch den Sündenfall sind alle Menschen dauerhaft von Gott getrennt.
Dieses Dilemma kann der Mensch nicht lösen. Aus diesem Grund
ruft Gott jeden von uns zur Umkehr auf. Wenn Gott von Umkehr
spricht, dann steht gerade im Neuen Testament das Wort Buße.
Ein Wesensmerkmal Gottes ist Seine Treue gegenüber Seinem heiligen Wort.

wenn wir untreu sind, so bleibt er doch treu; er kann sich selbst
nicht verleugnen (2.Tim. 2,13 SLT)

Im Garten Eden gab es ein Gebot. Gott gibt ein einziges Gebot an
Adam.

16 Und der HERR, Gott, gebot dem Menschen und sprach: Von jedem Baum des Gartens darfst du essen; 17 aber vom Baum der Erkenntnis des Guten und Bösen, davon darfst du nicht essen; denn
an dem Tag, da du davon isst, musst du sterben! (Gen. 2,16-17 SLT)

Die Schlange weiß das und spricht deshalb mit Eva, die das Gebot
von Adam zuvor erhielt und fragt sie ...

... aber von der Frucht des Baumes, der in der Mitte des Gartens ist,
hat Gott gesagt: Esst nicht davon und rührt sie auch nicht an, damit ihr nicht sterbt! (Gen. 3,3 SLT)

Eva gibt ihren Zweifeln nach und interpretiert das Gebot mit ihrem
Verstand. Vielleicht denkt sie, Gott würde ihr etwas vorenthalten,
aber das ist Spekulation. Fakt ist jedoch, sie beißt in die Frucht und

verschließt in diesem Moment ihr Herz für Gott. Mit anderen Worten, sie hat damit deutlich zu verstehen gegeben, dass nichts mehr mit Gott zu tun haben will.
Ob ihr die Tragweite ihrer Entscheidung in der Situation tatsächlich bewusst ist, kann ich nicht zu sagen. Aber spätestens, nachdem Tiere für ihre und Adams Scham sterben, weiß sie, dass sie einen Fehler machte.

Und Gott der Herr machte Adam und seiner Frau Kleider aus Fell und bekleidete sie. (Gen. 3,21 SLT)
Wie sehr Gott ihre Entscheidung schmerzt, vermag ich nicht im Ansatz zu erahnen, aber Gott ist Sich selbst treu und Er verleugnet Sich selbst nicht. Deshalb sterben wir. Der Tod ist die einzige hundert Prozent Quote, die es auf dieser Erde gibt. Jeder Mensch stirbt. Diesen Vorgang bezeichnet die Bibel als Sündenfall, also der Ungehorsam gegenüber Gott, und die Ausweisung aus dem Garten Eden.

Wie schrecklich Gott das selbstgerechte Herz des Menschen empfindet, zeigt Er sehr eindrücklich mit der Sintflut.

Als aber der HERR sah, dass die Bosheit des Menschen sehr groß war auf der Erde und alles Trachten der Gedanken seines Herzens allezeit nur böse, da reute es den HERRN, dass er den Menschen gemacht hatte auf der Erde, und es betrübte ihn in seinem Herzen. (Gen. 6.5-6 SLT)

Gott ist derselbe im Alten und im Neuen Testament und auch heute. Da Gott im Alten Testament sich selbst treu war, ist er es auch heute. Deshalb gilt die Folge des Sündenfalls, also die Trennung von Gott, auch für uns.

Ein weiteres Wesensmerkmal Gottes ist Seine unermessliche und unvorstellbare Liebe zu uns. Er sandte Seinen Sohn, der als einziges gottgefälliges Opfer für die Sünden der Menschen starb und diejenigen rettet, die an Jesus glauben, und Ihn als Gott und Retter annehmen.

Der wohl bekannteste Vers des Neuen Testaments stammt aus dem Evangelium des Johannes und steht in Kapitel 3 geschrieben ...

16 Denn so [sehr] hat Gott die Welt geliebt, dass er seinen eingeborenen Sohn gab, damit jeder, der an ihn glaubt, nicht verlorengeht, sondern ewiges Leben hat. (SLT)

Jesus ist Gott und aus dem Grund ist Er allein das Heilmittel für die Sünde.

Worin liegt das Versprechen Gottes, das Er uns mit der Geburt Jesu und Seinem Tod gibt? Das steht nur zwei Verse weiter im selben Kapitel geschrieben.

Wer an ihn glaubt, wird nicht gerichtet; wer aber nicht glaubt, der ist schon gerichtet, weil er nicht an den Namen des eingeborenen Sohnes Gottes geglaubt hat. (Joh. 3,18 SLT)

Lassen wir das für einen Moment sacken und danken Jeshua Hamashiach für Sein vollumfängliches Opfer, das Er nicht nur für jeden Jünger gab, sondern jeden Menschen zu jeder Zeit. Ich bin davon überzeugt, dass Jesus den Verstorbenen aus der Zeit des Alten Testaments in Seiner Barmherzigkeit und Gerechtigkeit gedenkt.

Petrus beschreibt das vollkommene Opfer Jesu in seinem ersten Brief.

Denn ihr wisst ja, dass ihr nicht mit vergänglichen Dingen, mit Silber oder Gold, losgekauft worden seid aus eurem nichtigen, von den Vätern überlieferten Wandel, sondern mit dem kostbaren Blut des Christus, als eines makellosen und unbefleckten Lammes. (1.Petr. 1,18-19 SLT)

Gott liebt jeden Menschen, aber Er kennt diejenigen, die erkennen, dass sie ohne Jesus in Ewigkeit verdammt sind. Diejenigen, die ihr gottloses Leben hinter sich lassen und Sein Opfer am Kreuz annehmen. Diejenigen, die Ihm ein Leben lang treu sind, werden in den Himmel gehen. Alle anderen nicht.
In dem vorangegangenen Absatz steht der Kernpunkt des Evangeliums.

1. Gottes Liebe zu uns.
2. Die für uns unüberwindbare Hürde der Sünde.
3. Der Glaube und die Buße über das bisherige gottlose Leben und die verheißene Rettung durch Jesus. – Die frohe Botschaft!
4. Die geforderte Nachfolge Jesu an jeden Jünger im Glauben dranzubleiben.
5. Die Verheißung Gottes in Sein Himmelreich einzugehen.

Wenn Sie einen Menschen kennenlernen wollen, dann verbringen Sie Zeit mit demjenigen.
Wenn Sie Jesus kennenlernen wollen, dann verbringen Sie bitte Zeit mit Ihm.
Lesen Sie die Bibel, beten Sie und nehmen sie Ihn durch den ganzen Tag mit.

Aus eigener Erfahrung kann ich bezeugen, dass Gebete, die aus tiefstem Herzen heraus gesprochen werden und ohne besonderes Aufheben, eine Antwort erfahren.

Gott gefällt ein aufrichtiges und kindliches Herz. Gott ist nichts unmöglich, nichts zu groß, aber auch nichts zu unbedeutend.

Erlauben Sie mir, Ihnen ein Beispiel zu geben.

Im Januar 2025 fiel ein schwerer Kübel mit einer großgewachsenen Lorbeerpflanze im Sturm um. Ich ging hinaus und stellte diesen wieder auf. Ich zog den Kübel mit aller Kraft in den Übertopf. Abgeschnittene Äste kratzten mir in den Unterarm und die Blätter verfingen sich in meiner Brille.

Egal, wie sehr ich mich anstrengte und an der Pflanze zerrte, ich bekam sie nicht in die Mitte des Untersetzers platziert. Es fehlten noch etwa drei Zentimeter, doch der Topf verkantete sich und nichts ging mehr. Mein Rücken signalisierte mir, dass ich aufhören sollte. Gebückt sagte ich: „Bitte, hilf mir mal."
Und das Sensationellste geschah: Der Kübel rutschte einfach so in die richtige Position!

Noch in der gebückten Haltung jubelte ich und rief: „Danke!"

Seien Sie versichert, alles, was Sie als Sein Kind in Einfalt bitten, von Gott erhört wird.

Gott schaut in unsere Herzen und wir können nichts tun, um Seine Gnade zu verdienen.

Gott schenkte mir diesen Traum der verbrennenden selbstgerechten Taten für uns, denn Er möchte uns verdeutlichen, dass wir allein aus Glauben zu Jesus Christus als allmächtigen Gott gerettet werden, und nicht durch einen aktionsmotivierten Lebenswandel. Diese falsche Sorglosigkeit wird manchen eifrigen Menschen zum Verhängnis werden.

Der ewige und lebendige Gott bekniet uns Menschen seit Jahrtausenden regelrecht, von unseren gottlosen Wegen umzukehren, und sendet Propheten wie Jesaja und Jeremia, die sich beim Volk sehr unbeliebt machen, indem sie das Wort Gottes, wie es geschrieben steht, verkünden.

Es reicht ein weniges an Unverstand aus, und man kann leicht Gottes Wort, das dem ewigen Leben dient, zu einem törichten Wort verdrehen.

Das machen heute viele Gelehrte von den Kanzeln herunter, und schon vor einigen tausend Jahren war das ebenso gängige Praxis.

Wie kehrt ihr alles um! Als ob der Ton dem Töpfer gleich wäre, dass das Werk spräche von seinem Meister: Er hat mich nicht gemacht!, und ein Bildwerk spräche von seinem Bildner: Er versteht nichts! (Jes. 29,16 LUT)

Wir müssen verstehen, dass Gottes Gerechtigkeit nicht unsere Vorstellung von Gerechtigkeit entspricht. Auch sind Seine Maßstäbe nicht unsere.

Ich habe auch immer wieder alle meine Knechte, die Propheten, zu euch gesandt und sagen lassen: Kehrt um, ein jeder von seinem bösen Wege, und bessert euer Tun und folgt nicht anderen Göttern nach, ihnen zu dienen, so sollt ihr in dem Lande bleiben, das ich euch und euren Vätern gegeben habe. Aber ihr wolltet eure Ohren nicht neigen und mir nicht gehorchen. (Jer. 35,15 LUT)

Wenn jemand schuldlos nicht zum Glauben gefunden hat, aber seinem Gewissen folgt und Gutes tut, wird das vielleicht nicht vergebens sein und möglicherweise wird nichts Gutes verloren gehen, doch eins will ich deutlich anmerken: Gute Werke gleichen keine Sünden aus, und ersetzen nicht die Bekehrung.

Jemand, der Gutes aus sich heraus tut, wird nicht gerettet, sondern geht auf Zeit und Ewigkeit im Feuersee verloren.

Ich möchte einen Impuls geben, die eigene Motivation zu prüfen. Die Frage ist nicht unbedingt, ob man etwas Gutes vollbringt, sondern für wen. Gott, oder das eigene Ego.

Jeder wiedergeborene Christ ist durch Christus gerechtfertigt, und dieser vollbringt in der Folge Taten, die Jesus in uns wirkt.
Wer Jesus in sich trägt, tut lebendige Werke.
Wer Jesus nicht in sich hat, vollbringt tote Werke.

Deshalb schreibt Paulus in seinem Brief an die Römer in Kapitel 1, Vers 17 ...

Der Gerechte wird aus Glauben leben (SLT)

Ich wiederhole das, weil es phänomenal ist.
Dort steht, dass derjenige, der gerecht gemacht worden ist, aus Glauben lebt.

Wer macht gerecht?

Gott in Jesus.

Wie wird ein Mensch gerecht? In dem er das Erlösungswerk am Kreuz für sich annimmt. Und in der Folge mit dem einfachen Herzen glaubt, wie es uns der Kerkermeister zeigt und nicht wie Nikodemus, der Gott mit dem Verstand ergründen will.

Mit unserem Verstand können wir Gott nicht begreifen. Das ist in meinen Augen auch nicht entscheidend. Oft bete ich, dass ich eine bestimmte Situation nicht unbedingt verstehe, aber Gott von ganzem Herzen vertraue, dass Er das für mich und mein ganzes Haus gut macht. Diese Haltung ist für mich der Inbegriff von Glauben.

Deshalb ist mein Ansatz zur Evangelisation immer der, dass ich Menschen im Gespräch auf den Beistand Gottes in ihrem eigenen Leben aufmerksam mache. Gott wird von uns zwar nicht gesehen, aber das bedeutet doch nicht, dass Er fern ist. Wir müssen den ersten Schritt auf Ihn zugehen. Er hat doch alles getan! Was soll Er denn noch tun? Jetzt sind wir gefordert.

Wiederum schreibt Jakobus in seinem Brief in Kapitel 1

Seid aber Täter des Wortes und nicht bloß Hörer, die sich selbst betrügen. (Jak. 1,22 SLT)

Ist das ein Wiederspruch? Natürlich nicht, denn Täter des Wortes Gottes sein, ist von Gott aus zu tun, was Gott bestimmt. Der Auftrag kommt von Gott und so agiert ein Jünger für Gott. Dies untermauert die Notwendigkeit, dass jeder die eigene Motivation und das ausführende Handeln im Gebet und in Gottes Wort prüfen muss. Handelt jemand einfach irgendwie, ist es vielleicht gut gemeint, aber noch lange nicht gut gemacht.

Der Gerechte wird aus Glauben leben (Röm. 1,17 SLT)

Paulus schreibt hier über die Gnade. Der Gerechte lebt allein aus der Gnade des allmächtigen Gottes. Es fiel mir lange schwer, die Gnade als Geschenk anzunehmen, weil ich mich für unwürdig hielt, eine gute Christin zu sein. Fehlschläge und mangelnde Selbstbeherrschung waren ein dankbarer Nährboden für Zweifel. Ich betete und fragte, wie ich die Gnade annehmen könne, wenn ich doch nichts Tolles vorzuweisen hätte. In diesem Gedanken-Karussell schenkte mir Gott diesen Vers:

Ist's aber aus Gnade, so ist's nicht aufgrund von Werken; sonst wäre Gnade nicht Gnade. (Röm. 11,6 LUT)

Was bedeutet dieser Vers? Gnade ist Gnade. Sie ist vollkommen und völlig unverdient. Sie ist das Geschenk für alle Kinder Gottes und kein Lohn für eine erbrachte Leistung.

Dieser Lohnansatz ist das Denken und Handeln der Religionen. Wenn man sich tadellos und gut verhält, empfängt man den verdienten Lohn im Paradies, alle anderen eben nicht. Schwierig wird diese Denkweise dann, wenn man eine Gelegenheit verpasst oder inkonsequent lebt. Kann man dieses Versäumnis wieder ausbügeln? Falls ja, wie viel mehr müsste ein Mensch dafür aufwenden? Ich könnte eine Reihe von entlarvenden Fragen stellen, doch ich will nicht den Religionen in diesem Buch Raum geben, sondern lediglich aufzeigen, dass dieses implizierte Gottesbild auf der Basis eines willkürlichen Gottes basiert.

Bei Jesus ist das anders. Denn, Jesus ist anders, als uns Religionen weismachen wollen. Das Christentum ist keine Religion. Ein Christ gehört zu Christus, nicht zu einer gemauerten Kirche oder menschlichen Gemeindezentren!

Wer gehört zu Gottes Kindern? Jeder, der zu Gott gehört.
Wer gehört zu Gott? Alle, die durch Glauben von Isaak abstammen. Die natürliche Geburt ist dabei nicht entscheidend, die geistige ist es. Als biologisch geborener Heide, kann man durch die Wiedergeburt aus Glauben, Geist und Wasser, zu einem Kind Gottes werden.

Das heißt: Nicht das sind Gottes Kinder, die nach dem Fleisch Kinder sind; sondern nur die Kinder der Verheißung werden zur Nachkommenschaft gerechnet. (Röm. 9,8 LUT)

Lesen wir in dem Zusammenhang die sensationelle Wahrheit Gottes, die Er jedem Seiner Kinder in dem Buch der Offenbarung in Kapitel 5, ab Vers 9 gibt. Die Heiligen im Himmel beten Jesus an und singen Du bist würdig, das Buch zu nehmen und seine Siegel zu öffnen; denn du bist geschlachtet worden und hast uns für Gott erkauft mit deinem Blut aus allen Stämmen und Sprachen und Völkern und Nationen. Halleluja! Und hast uns zu Königen und Priestern gemacht für unseren Gott, und wir werden herrschen auf Erden. Und jedes Geschöpf, das im Himmel und auf der Erde und unter der Erde ist, und was auf dem Meer ist, und alles, was in ihnen ist, hörte ich sagen: Dem, der auf dem Thron sitzt, und dem Lamm gebührt das Lob und die Ehre und der Ruhm und die Macht von Ewigkeit zu Ewigkeit! Und die vier lebendigen Wesen sprachen: Amen! Und die 24 Ältesten fielen nieder und beteten den an, der lebt von Ewigkeit zu Ewigkeit. (Off. 5,13-14 SLT) Halleluja!

Jeder glaubt an etwas

Das Thermometer steigt auf weit über 30 °C, meine Bluse klebt am Rücken. Der Geruch von gebratenem Fleisch erfüllt den Hof unseres Gastgebers. Viele Gäste sind zu dem Firmenjubiläum erschienen und stehen am Getränkewagen an. Ich stelle mich ebenfalls an und lese die Schiefertafel über der Zapfsäule.
Jeder glaubt an etwas, ich glaub, ich hol mir noch n Bier. Männer lachen und bestellen gleich zwei.

Das scheint ein feuchtfröhlicher Glaube zu sein. Sie verstehen?

Nachdem Sie in den vorangegangenen Kapiteln spannende Erlebnisse gelesen und an grundlegende theologische Fragen herangeführt wurden, empfinden Sie möglicherweise eine mehr oder minder intensive Enttäuschung, dass ich Sie in diesem Kapitel auf einen Exkurs in die Begriffe Mensch, Christ und Nachfolger Jesu mitnehme. Vielleicht denken Sie: *Was bitte soll das?*

Natürlich haben Sie meine Intension für dieses Buch längst erkannt. Erlauben Sie mir bitte die Wiederholung meines Motivs.
Ich möchte dabei helfen den Glauben an Jesus aktiv zu leben und aufzeigen, dass der Glaube an Gott nicht abstrakt, sondern alltäglich und greifbar ist. Zudem lege ich einige etablierte Fallen des satan offen.

Allein die verschwommene Definition der oben genannten Begriffe ist eine.

In Gesprächen mit Menschen in Deutschland und der Schweiz habe ich erfahren, dass sich jeder Mensch ein Christ nennt, der in seinem Leben einmal einen Gottesdienst in der Kirche besuchte. Nachdem ich verstand, dass die Kirchen eine liberale Theologie vertreten und sich als Eventlocation mit Musikfestivals, Yoga, fragwürdigen Kunstausstellungen, Krimilesungen und Zaubershows verstehen, wundert mich die desaströse Vorstellung von Gott und die verkommene Bedeutung von *Christsein* mittlerweile nicht mehr.

Die Kirchen haben Gottes Wort verlassen und predigen ihre eigene wohlklingende Vorstellung von einer alles gutheißenden Toleranz, die von der Bibel so weit entfernt ist wie ein Eiswürfel von der Sonne. Welche sauren Triebe diese krampfhafte Toleranz mittlerweile ausgebildet hat, sieht man an dem geschriebenen Wort G*tt. Ja, Sie lesen richtig, Gott bekommt ein Gendersternchen. Ich habe auf Instagram eine Pfarrerin gefragt, warum sie das mache, und sie antwortete mir, dass man eine neue Zielgruppe in die Kirche führen wolle und so niemanden vor den Kopf stoßen würde. Ich schüttele den selbigen.

Eine neue Zielgruppe in die Kirche zu führen, habe ich auch während eines Gemeindetreffens gehört. Die Idee ist, Tiersegnungsgottesdienste zu zelebrieren. Der Sinn erschließt sich mir nicht, denn Tiere benötigen der Buße nicht, ganz im Gegensatz zu uns Menschen. Doch von Buße tun wird nicht gesprochen. Stattdessen möchte man die Kirche gottlos in die Moderne führen.

Auf vorangegangenen Seiten haben Sie die Bezeichnungen Mensch, Christ und Nachfolger Jesu oder Jünger Jesu in verschiedenen Zusammenhängen gelesen. Erlauben Sie mir daher, die Begriffe zu definieren.

Ich scheue mich nicht, dieses Thema aufzugreifen, da mir aufgefallen ist, das Jesus selbst Seine Nachfolger Jünger, im Johannesevangelium als Freunde oder als Schafe Seiner Herde betitelt. Der Terminus Christ wurde von Menschen gegeben. Für mich ist dieses Wissen sehr hilfreich, denn der Begriff Jünger hat für mich den Stellenwert, den ich als Nachfolgerin wissen möchte. Andere Christen verwenden Ausdrücke, wie Namenschrist, Kirchenchrist oder Wohlstandschrist, um eine Strömung oder ein geteiltes Herz zu verdeutlichen. Mich stört, dass das Wort Christ in allen Begriffen vorhanden ist.

Ein Mensch ist nicht gleich Christ und ein Christ ist nicht automatisch ein Nachfolger Jesu, allerdings werden die Ausdrücke meist nicht differenziert. Dieses Geflecht möchte ich entwirren und skizziere die Begriffe, um Klarheit zu schaffen.
Ein Mensch ist jeder natürliche Mensch, also jeder. Jeder Mensch seit Kains Geburt, der ohne Gott lebt, weil er sich nicht um Buße bemüht, die Notwendigkeit der Rettung seiner Seele nicht anerkennt und folglich den zweiten Tod stirbt.

Ein Christ ist ein Mensch, der seine Identität in Christus gründet – eigentlich.
Unlängst sprach ich mit einer Sekretärin aus einem Gemeindebüro und fragte, ob sie Christin sei. Sie antwortete: „Ja, also schon. Aber nicht so extrem. Normal halt.“
Dieses *normal halt* höre ich sehr oft und ist bezeichnend für den hiesigen verhärteten Christenboden.

Das erste Mal erscheint der Ausdruck Christ in der Apostelgeschichte in Kapitel 11. Wir lesen in den Versen 19-26, dass nach Stephanus' Steinigung sich wiedergeborene Juden weit zerstreuen und nur mit Juden reden. Barnabas, der voll des Heiligen Geistes ist, wird geschickt, um Paulus zu holen, damit dieser die neu entstandene Gemeinde lehrt.

Und als er ihn fand, brachte er ihn nach Antiochia. Und sie blieben ein ganzes Jahr in der Gemeinde und lehrten viele. In Antiochia wurden die Jünger zum ersten Mal als Christen bezeichnet. (Apg. 11,26 LUT)

Die Bibel prägt den Begriff, um die Glaubenszugehörigkeit zu Christus zu erkennen. Nomen est Omen? Leider nein.
Man erliegt heute dem Irrglauben, dass ein Mensch einfach so Christ sei.
Viele denken, weil sie als Baby getauft oder später konfirmiert wurden, dem Religionsunterricht in der Schule beigewohnt haben oder einmal im Jahr in den Weihnachtsgottesdienst gehen, wären Sie ein Christ. Bitte erliegen Sie nicht der falschen Annahme, weil Ihnen ein Pfarrer vor Jahren einen Segen aussprach, wären Sie Christ und gerettet.

Einige Kapitel später lesen wir in der Apostelgeschichte 26, wie Paulus vor König Agrippa steht und sich wegen falscher Behauptungen verantworten muss. Er verkündete zuvor das Evangelium, und wird deshalb angeklagt.
Paulus beschreibt ungeschönt seinen gottlosen, religiösen Lebenswandel, in dem er glaubte, voll des Eifers Gott zu dienen, inklusive aller Rebellion gegen den Christus und die unerbittliche Verfolgung von Christen. Weiter berichtet er über seine Rettung durch Jesus während der Reise nach Damaskus und über sein darauffolgendes unermüdliches Begehren, das Evangelium allen Heiden zu bringen.

Lassen Sie uns diese Passage auszugsweise lesen, um eine Vorstellung von Paulus' Motivation zu erhalten.

4 Mein Lebenswandel von Jugend auf, den ich von Anfang an unter meinem Volk in Jerusalem führte, ist allen Juden bekannt; 5 da sie mich von früher her kennen (wenn sie es bezeugen wollen), dass ich nach der strengsten Richtung unserer Religion gelebt habe, als ein Pharisäer.

...

9 Ich habe zwar auch gemeint, ich müsste gegen den Namen Jesu, des Nazareners, viel Feindseliges verüben, 10 was ich auch in Jerusalem tat; und viele der Heiligen ließ ich ins Gefängnis schließen, wozu ich von den obersten Priestern die Vollmacht empfangen hatte, und wenn sie getötet werden sollten, gab ich die Stimme dazu. 11 Und in allen Synagogen wollte ich sie oft durch Strafen zur Lästerung zwingen, und über die Maßen wütend gegen sie, verfolgte ich sie sogar bis in die auswärtigen Städte. 12 Als ich dabei mit Vollmacht und Erlaubnis von den obersten Priestern auch nach Damaskus reiste, 13 da sah ich mitten am Tag auf dem Weg, o König, vom Himmel her ein Licht, heller als der Glanz der Sonne, das mich und meine Reisegefährten umleuchtete. 14 Als wir aber alle zur Erde fielen, hörte ich eine Stimme zu mir reden und in hebräischer Sprache sagen: Saul! Saul! Warum verfolgst du mich? Es wird dir schwer werden, gegen den Stachel auszuschlagen! 15 Ich aber sprach: Wer bist du, Herr? Er aber sprach: Ich bin Jesus, den du verfolgst! 16 Aber steh auf und stelle dich auf deine Füße! Denn dazu bin ich dir erschienen, um dich zum Diener und Zeugen zu bestimmen für das, was du gesehen hast und für das, worin ich mich dir noch offenbaren werde; 17 und ich will dich erretten von dem Volk und den Heiden, unter die ich dich jetzt sende, 18 um ihnen die Augen zu öffnen, damit sie sich bekehren von der Finster-

nis zum Licht und von der Herrschaft des satans zu Gott, damit sie Vergebung der Sünden empfangen und ein Erbteil unter denen, die durch den Glauben an mich geheiligt sind!

Der Punkt, auf den ich hinarbeite, will ich Ihnen an dieser Stelle offenlegen: König Agrippa ist beeindruckt von der Rede, öffnet sein Herz aber nicht für die gehörten Worte.

Da sagte Agrippa zu Paulus: Es fehlt nicht viel, und du überredest mich, dass ich ein Christ werde! (Apg. 26,28 SLT)

Mit der Aussage bestätigt König Agrippa, dass es um die aktive Willenserklärung eines Menschen geht, Christ zu werden.

König Agrippa, war ein von Rom eingesetzter König über das heutige Gebiet des Libanon, Syrien und Israel. Seine Amtszeit belief sich von 50-93 nach Christus. Ein Mann, der sowohl die römischen Götter als auch die Sitten und Streitfragen des jüdischen Volkes kannte.
Dieser gebildete und einflussreiche Mann bestätigt, was Jesus im Johannes Evangelium, in Kapitel 3, zu Nikodemus sagt.

Jesus antwortete und sprach zu ihm: Wahrlich, wahrlich, ich sage dir: Wenn jemand nicht von Neuem geboren wird, so kann er das Reich Gottes nicht sehen! (Joh. 3,3 SLT)

Sehen Sie, Christ ist man nicht einfach so. Christ wird man durch die bewusste Willenserklärung zu Christus hin und der Taufe aus Wasser und Geist. Derzeit befinden sich bedauerlicherweise etliche Christen in einem durch falsche Lehre geförderten Dämmerschlaf.

Lassen Sie mich einige Worte zur Konfirmation schreiben, denn in meinem damaligen Konfirmationsgottesdienst betonte der Pfarrer, dass wir an diesem Tag Gott an Sein Versprechen Seiner Gnade erinnern. Damals merkte ich den Stolz der Aussage nicht, aber während ich dieses Kapitel schreibe, erinnert mich der Heilige Geist wieder daran und ich befasste mich mit dem Ursprung der Konfirmation.

Die Konfirmation wurde 1539 während der Reformationszeit im Nordhessischen Ziegenhain von Theologen erfunden, die sich auf die biblische Form der Taufe bezogen und die Säuglingstaufe ablehnten. Biblisch wird nur derjenige getauft, der zuvor auch glaubt. Ohne Glauben keine Taufe. Das stand im Gegensatz zur Säuglingstaufe und zog Unruhen nach sich, denn die Täufer waren der Ansicht, sich aus Glaubensgründen der Obrigkeit widersetzen zu dürfen. So holte Landgraf Philipp von Hessen Martin Bucer zu Rate.

Somit ist die Konfirmation als ein Kompromiss zu verstehen. Die Säuglingstaufe blieb, und die Jugendlichen sollten durch ein nachträgliches Glaubensbekenntnis die Taufe bestätigen.
Auf der Homepage der EKD kann man nachlesen, dass die Konfirmation als Bekräftigung zum christlichen Glauben dient, und ein Konfirmand ein vollwertiges Mitglied der Kirchengemeinde ist.
Mitglied der irdischen Kirchengemeinde schon, aber eine Zugehörigkeit zu Christus?

Erkennen Sie den Unterschied? Die Institution Kirche steht im Vordergrund, nicht Jesus Christus, der doch das Haupt aller Christen ist.
Biblisch ist eine Konfirmation nicht begründet.

In der Bibel wird jeder getauft, der Jesus als seinen Retter annimmt und Früchte der Buße bringt. Also, sein altes Leben abwirft und fortan ein gottesfürchtiges Leben führt.

Seht zu, bringt rechtschaffene Früchte der Buße; und nehmt euch nicht vor zu sagen: Wir haben Abraham zum Vater. Denn ich sage euch: Gott kann dem Abraham aus diesen Steinen Kinder erwecken. (Lk. 3,8 LUT)

Johannes der Täufer mahnt mit diesem Ausspruch schon damals, dass sich niemand auf dem Geburtsrecht als Israelit ausruhen darf. Auf unsere heutige Zeit übertragen, möchte ich schreiben: Niemand darf sich auf der Zugehörigkeit einer Kirchengemeinde ausruhen oder auf seiner Wiedergeburt.

Da die Worthülse Christ ausgehöhlt wurde und heute nahezu bedeutungslos geworden ist, und in den letzten Jahren und Jahrhunderten mit Humanismus und einer liberalen Theologie ersetzt wurde, verwende ich den biblischen Ausdruck Nachfolger Jesu in der Verbindung, Gott in Wort und Tat nachzufolgen.

Ein Nachfolger Jesu oder Jünger ist ein Mensch, der erkannt hat, dass er ohne die rettende Gnade Jesu in Ewigkeit sterben und in Zeit und Ewigkeit von Gott getrennt sein wird und deshalb Jesu folgt.

Manche werden das belächeln, doch von Gott getrennt zu sein ist das Schlimmste, das einem Menschen widerfahren kann. Ein Nachfolger Jesu nimmt Gott in seiner Gesamtheit ernst und ehrt ihn mit seinem Leben. Jeder, der so denkt und lebt ist ein Jünger.

An diesem Grundsatz hat sich nie etwas geändert. Auch unser modernes Leben mit all den technischen Neuerungen und Möglichkeiten, ändert daran nichts.
Der Mensch ist derselbe, seit jeher. Das Wort Gottes ist beständig und unveränderbar, seit jeher. Lassen Sie uns biblische Wahrheiten nicht neu interpretieren, sondern uns rückbesinnen auf das, was in der Bibel geschrieben steht.

22 Seid aber Täter des Worts und nicht Hörer allein; sonst betrügt ihr euch selbst. 23 Denn wenn jemand ein Hörer des Worts ist und nicht ein Täter, der gleicht einem Menschen, der sein leibliches Angesicht im Spiegel beschaut; 24 denn nachdem er sich beschaut hat, geht er davon und vergisst von Stund an, wie er aussah. 25 Wer aber sich vertieft in das vollkommene Gesetz der Freiheit und dabei beharrt und ist nicht ein vergesslicher Hörer, sondern ein Täter, der wird selig sein in seinem Tun. (Jak. 1,22-25 LUT)

Lassen Sie mich zusammenfassen:
Ein Mensch ist jeder natürliche Mensch, der gottlos lebt. Ein Christ ist man nicht durch natürliche Geburt oder Säuglingstaufe, sondern wird es aktiv durch die Willenserklärung gegenüber Gott, und ein Nachfolger Jesu ist jener Mensch, der Christ ist und die Aufträge Jesu annimmt und ein Leben lang umsetzt.

Bitte legen Sie für die kommenden Zeilen die geistige Waffenrüstung gemäß Epheser 6 an, damit Sie fest im Glauben bleiben.
Die Gemeinschaft von Christen in Deutschland gleicht einem Flickenteppich aus verschiedenen christlichen Strömungen, Ansichten, Theologien und Gottesbildern, die alle nicht sein dürften – ist doch der Christus unser Haupt!

Die Realität sieht leider anders aus.
Einen großen Riss hat die Berliner Erklärung aus dem Jahr 1909 zu verantworten, in der sie den Heiligen Geist diffamierte und das Sprachengebet und andere Geistesgaben in eine untere beziehungsweise dämonische Ebene platziert.

Auf den ersten Blick wirken die Formulierungen, wie von Theologen, die ernsthaft um das Wohl ihrer Schafe besorgt sind, doch die Wortwahl ist spitz und richtet sich gegen Gott. Vor der damals aufkommenden Pfingstbewegung wird deutlich gewarnt, denn die Unterzeichner schreiben unter Punkt 6 der Erklärung: *Wir glauben, dass es nur ein Pfingsten gegeben hat, Apostelgeschichte 2. (...) Wir erwarten nicht ein neues Pfingsten; wir warten auf den wiederkommenden Herrn.*
Die Berliner Erklärung ist im Internet im vollen Wortlaut frei zugänglich, lesen Sie sie bitte selbst durch, um sich ein Bild von der Motivation der Unterzeichner zu machen.

Warum ist die Berliner Erklärung so gefährlich? Weil sie das Wirken des Heiligen Geistes leugnet – und das ist die unvergebbare Sünde.

31 Darum sage ich euch: Alle Sünde und Lästerung wird den Menschen vergeben; aber die Lästerung gegen den Geist wird nicht vergeben. 32 Und wer etwas redet gegen den Menschensohn, dem wird es vergeben; aber wer etwas redet gegen den Heiligen Geist, dem wird's nicht vergeben, weder in dieser noch in der künftigen Welt. (Mt. 12,31-32 LUT)

Wir müssen das Spannungsfeld verstehen, in dem Jesus diese Warnung zu den religiösen Leitern spricht.

Jesus polarisiert, wo Er hingeht. Er bringt die Schriftgelehrten und Pharisäer in sehr schwierige, ja geradezu unlösbare theologische Situationen, indem Er sich allein an das mosaische Gesetzt hält. Jesus ist der Urheber.

Ein außerordentlicher Eifer der jüdischen Priester über Jahrhunderte hinweg, sorgt für eine Tradition, in der die Gebote Gottes in besonderen Maßen geschützt werden sollen. Jesus zeigt ihnen, dass sie über das Ziel hinausschießen und sich mehr an ihren eigenen Regeln festhalten, anstatt eine Beziehung mit dem lebendigen Gott zu führen.

Denken Sie an die Ehebrecherin aus dem Evangelium des Johannes 8 2-11, oder die Heilung eines Blindgeborenen aus ebenfalls aus Johannes, Kapitel 9, 1-34.

Ich empfehle Ihnen die vier Evangelien mit Hilfe einer Synopse parallel zu lesen, dann erschließt sich die Brisanz der einzelnen Szenen um ein Vielfaches.

Viele heutige Gemeindeleiter legen den gleichen religiösen Eifer an den Tag, wie die Schriftgelehrten im Neuen Testament. Paulus beschreibt diesen Zustand in seinem Brief an die Römer, in Kapitel 10, sehr treffend:

Denn an Eifer für Gottes Sache fehlt es ihnen nicht; das kann ich bezeugen. Was ihnen fehlt, ist die richtige Erkenntnis. 3 Sie haben nicht erkannt, worum es bei der Gerechtigkeit Gottes geht, und versuchen, durch ihre eigene Gerechtigkeit vor Gott bestehen zu können. Damit lehnen sie sich gegen Gottes Gerechtigkeit auf, statt sich ihr zu unterstellen. (Röm. 10,2-3 NGÜ)

Die Unterzeichner der Berliner Erklärung sprechen gegen Gott und deckeln ihre Absicht unter dem Mantel der Fürsorge und Nächstenliebe. Sie erwarten kein neues Pfingsten. Aber jeder Mensch, der Christ wird und aus Wasser und Geist getauft ist, ist mit dem Heiligen Geist versiegelt! Jeder Christ erlebt in diesem Moment sein persönliches Pfingstwunder. Wie kann man ernsthaft behaupten, dass es das heute nicht mehr gäbe?

Der Heilige Geist ist der Tröster – von Gott gesandt, damit jeder Nachfolger Jesus die Kraft Gottes und Wahrheit in sich trägt.

Gott selbst wohnt in jedem Jünger!

Wie kann man denn einem wahrhaftigen Nachfolger Jesus die in ihm wohnende Gottheit absprechen?
Der Heilige Geist ist es, der uns Geistesgaben schenkt, wie Prophetien, Heilung, und auch das Sprachengebet.
Wer sich ein Leben lang gegen Gott wehrt, begeht die unvergebbare Sünde und das gilt für jeden Menschen, egal ob natürlicher Mensch oder Christ ohne aufrichtige Gottesbeziehung. Wir sind alle ernsthaft angehalten, unser Feuer des Heiligen Geistes in uns zu entfachen und am Brennen zu halten.

Was Petrus in seiner Pfingstrede zu den Bewohnern Jerusalems sagt, gilt auch für uns heute. Jetzt in diesem Moment für Sie und mich persönlich.

38 Petrus sagte zu ihnen: Kehrt um, und jeder von euch lasse sich taufen auf den Namen Jesu Christi zur Vergebung eurer Sünden, und ihr werdet die Gabe des Heiligen Geistes empfangen. 39 Denn euch gilt die Verheißung und euren Kindern und allen in der Ferne,

allen, die der Herr, unser Gott, herbeirufen wird. 40 Und auf vielerlei Weise beschwor und ermahnte er sie: Lasst euch retten aus diesem verkehrten Geschlecht! 41 Die nun sein Wort annahmen, ließen sich taufen. Und an jenem Tag wurden ungefähr dreitausend Menschen der Gemeinde zugeführt. (Apg. 2,38-41 ZB)

Mein Bestreben ist die Christenheit wieder auf den Christus zu fokussieren, damit sich Christen aufhören aneinander aufzureiben und sich nicht jede christliche Splittergruppe als wahre Gläubige dünkt.

Die Begriffe *Gläubige* und *Ungläubige* finde ich problematisch, denn jeder glaubt an etwas.

Wenn nun jemand zu einem anderen äußert, dass das in seinen Augen nicht der richtige Glauben ist, gilt jener für denjenigen als ungläubig. Das stimmt faktisch aber nicht.
Es ist schwierig einem Menschen zu erklären, dass er nicht glaubt, obgleich dieser selbst davon überzeugt ist, zu glauben. Diese Streitfragen kennt wahrscheinlich jeder. Doch führen sie zu keinem erbaulichen Ziel.

Zwischen einem Nachfolger Jesu und einem Christen sollte kein Unterschied bestehen, doch leider ist es im Moment so. Deshalb und nur deshalb habe ich zwei Begriffe für eine Sache gewählt.

Ich will auf keinen Fall noch mehr Spaltung provozieren, sondern aufzeigen, dass ein Christ ein Nachfolger Jesu ist. Derzeit wird der Ausdruck Christ oft mit Selbstgefälligkeit und anderen egozentrierten Verhalten gefüllt. Nicht der Begriff ist das Problem, sondern der Inhalt.

Lassen Sie uns den phänomenalen 1. Brief des Apostel Johannes in einem etwas weiteren Rahmen aus dem Kapitel 2 lesen. Die Liebe zu Gott und aller Brüder und Schwestern in Christus – über Glaubenseinrichtungen hinweg – spricht aus jedem Vers. Besser als Johannes kann niemand scheiben, dass sich wahre Gotteserkenntnis im Halten der Gebote Gottes und der Liebe zu den Glaubensgeschwistern zeigt.

3 Und daran erkennen wir, dass wir ihn erkannt haben, wenn wir seine Gebote halten. 4 Wer sagt: »Ich habe ihn erkannt«, und hält doch seine Gebote nicht, der ist ein Lügner, und in einem solchen ist die Wahrheit nicht; 5 wer aber sein Wort hält, in dem ist wahrhaftig die Liebe Gottes vollkommen geworden. Daran erkennen wir, dass wir in ihm sind. 6 Wer sagt, dass er in ihm bleibt, der ist verpflichtet, auch selbst so zu wandeln, wie jener gewandelt ist. 7 Brüder, ich schreibe euch nicht ein neues Gebot, sondern ein altes Gebot, das ihr von Anfang an hattet; das alte Gebot ist das Wort, das ihr von Anfang an gehört habt. 8 Und doch schreibe ich euch ein neues Gebot, was wahr ist in Ihm und in euch; denn die Finsternis vergeht, und das wahre Licht scheint schon. 9 Wer sagt, dass er im Licht ist, und doch seinen Bruder hasst, der ist noch immer in der Finsternis. 10 Wer seinen Bruder liebt, der bleibt im Licht, und nichts Anstößiges ist in ihm; 11 wer aber seinen Bruder hasst, der ist in der Finsternis und wandelt in der Finsternis und weiß nicht, wohin er geht, weil die Finsternis seine Augen verblendet hat. 12 Ich schreibe euch, ihr Kinder, weil euch die Sünden vergeben sind um seines Namens willen. 13 Ich schreibe euch, ihr Väter, weil ihr den erkannt habt, der von Anfang an ist. Ich schreibe euch, ihr jungen Männer, weil ihr den Bösen überwunden habt. Ich schreibe euch, ihr Kinder, weil ihr den Vater erkannt habt. 14 Ich habe euch geschrieben, ihr Väter, weil ihr den erkannt habt, der

von Anfang an ist. Ich habe euch geschrieben, ihr jungen Männer, weil ihr stark seid und das Wort Gottes in euch bleibt und ihr den Bösen überwunden habt. (1.Joh. 2,3-14 SLT)

Während des Schreibens dieses Kapitels denke ich an die vielen Stunden des vergeblichen Lernens und an die frustrierenden Momente meines Matheunterrichts in der Oberstufe. Denn ich hatte ein Problem, welches mir oft die Note verhunzte: Ich verstand die Aufgaben meist nicht und wusste daher nur wenig über den Rechenweg und konnte folglich nicht erkennen, wann die Aufgabe fertig war. So hatte ich selten eine Idee davon, ob ich das richtige Ergebnis erreichte.

Ich schreibe diesen Exkurs in meine Schulzeit, weil es sich so auch bei Christen darstellt, die in dem Dunst der Religion feststecken. Sie wissen nicht, ob und wann sie das rettende Ziel erreicht haben. All die Traditionen und Regeln, verdrehte Worte und Missklänge sind wie vernichtende Schwerter, die in Zuckerwatte gehüllt sind, um in die Ohren der Gläubigen einzudringen.

Deshalb bin ich überglücklich, Ihnen die Rettung in einer Person zuzubeln zu dürfen:

Denn mit Christus ist das Ziel erreicht, um das es im Gesetz geht: Jeder, der an ihn glaubt, wird für gerecht erklärt. (Röm. 10,4 NGÜ)

Jesus ist der Weg. Jesus ist das Ziel. Jesus ist unser Retter. Jesus ist Gott. Jesus ist das Heilmittel der Sünde. Jesus ist das Zentrum unseres Lebens.

Sie merken, ich schreibe ausschließlich über Jesus, keinen Gemeindeleiter oder Propheten. Es ist Jesus!

Haben Sie Jesus, haben Sie das Leben!

Das Gottesbild

Seit es den Menschen gibt, gibt es zahlreiche Vorstellungen von Gott.

Fürwahr, du bist ein verborgener Gott, du Gott Israels, der Heiland. (Jes. 45,15 LUT)

Aber nur, weil wir Ihn nicht mit unseren natürlichen Augen sehen, erlaubt uns das nicht, eigene Vorstellungen von Gott zu verbreiten, nur weil sie uns angenehm erscheinen.

Eine Frau erklärte mir, sie habe während einer stundenlangen Meditation Gott als nebulöses Lichtwesen erkannt und ihre neun verschiedenen Lebenswege vor sich manifestiert, von denen sie sich für einen entscheiden durfte. Sie glaubt, was sie sagt und ist überzeugt davon, Gott selbst erlebt zu haben.

Dieser Bericht deckt sich mit etlichen anderen, die Esoteriker gerne verbreiten und für ihre Bedürfnisorientierung nutzen. Als kleine Hilfestellung möchte ich festhalten: Jünger Jesus beten für jeden, der bittet, ohne eine Gegenleistung zu erwarten. Wer aber Engelsportale nutzen möchte oder esoterische Wässerchen oder Steine streicheln will, der muss unter Umständen tief in die Tasche greifen.

Doch nicht nur Esoteriker erfinden Gottesbilder. In religiösen und kirchlichen Kreisen gibt es eine Fülle an Gottesvorstellungen, die mit der biblischen Grundlage nichts zu tun haben. Ich will keine religiöse Gruppe im Detail herausheben, aber ich zeige einige wenige Beispiele auf.

Eines haben alle Religionen, inklusiver vieler Freikirchen und christliche Splittergruppen gemeinsam; sie vergreifen sich an der Trinität Gottes.

So wird Jesus oft als der Sohn von ... Maria, ... Gott dem Vater, ... Gott dem Vater und dem Erzengel Michael, ... als reines Geistwesen, ... dauerhafter Säugling, ... ewig leidend oder ... Prophet präsentiert. In einer Glaubenskirche wird Jesus sogar als der der geistige Bruder luzifers angesehen.

Und jede dieser Gruppen beansprucht die Wahrheit für sich. Wie soll man bei der Vielzahl von Gottesvorstellungen durchblicken, und vor allem, wofür soll man sich entscheiden? Wenn doch alle die Wahrheit sprechen und die jeweils andere Vorstellung geradezu verteufeln, beziehungsweise sich selbst als einzig einsichtige Gläubige bezeichnen?

Weil auch ich durch all diese verschiedenen Strömungen verunsichert war, bat ich Gott um Hilfe. Er gab mir ein Bild, das ich nicht grafisch darstellen möchte, denn ich bin überzeugt, dass sich die Herrlichkeit Gottes nicht in verzierten Stein, Ton oder Farbe pressen lässt, aber ich will es an dieser Stelle skizzieren.

Ich bin mir bewusst, dass dieser Vergleich nicht annähernd Gottes Pracht und Majestät widerspiegelt, dennoch bitte ich Sie, sich in vereinfachter Form Ihr Herz vorzustellen. Die linke Herzkammer ist Gott der Vater, die rechte ist Gott der Sohn – Jesus. Die Aorta und Vene, die das Herz mit Blut und den Körper mit Sauerstoff versorgen ist der Heilige Geist.
Sehen Sie, jede Herzkammer und Ader arbeitet gleichwertig und selbständig, sie sind perfekt aufeinander abgestimmt und können

ohne den anderen in der Gesamtheit unmöglich agieren. So ist Gott: Eins und Drei gleichzeitig.

Es ist ungemein wichtig, das so hinzunehmen. Gerade, weil die Größe und Erhabenheit Gottes unseren Verstand überfordert und wir uns diese heilige Verbindung nicht ansatzweise vorstellen können, dürfen wir sie nicht antasten.
Die Trinität Gottes finden wir in der Bibel im 2. Brief Paulus an die Korinther.

Die Gnade des Herrn Jesus Christus und die Liebe Gottes und die Gemeinschaft des Heiligen Geistes ⟨sei⟩ mit euch allen! (2.Kor. 13,13 ELB)

Einen weiteren, wunderbaren Abschnitt über die Trinität Gottes finden wir im 1. Johannesbrief in Kapitel 5.
Er ist es, der durch Wasser und Blut gekommen ist, Jesus der Christus; nicht durch Wasser allein, sondern durch Wasser und Blut. Und der Geist ist es, der Zeugnis gibt, weil der Geist die Wahrheit ist. 7 Denn drei sind es, die Zeugnis ablegen im Himmel: der Vater, das Wort und der Heilige Geist, und diese drei sind eins; 8 und drei sind es, die Zeugnis ablegen auf der Erde: der Geist und das Wasser und das Blut, und die drei stimmen überein. (1. Joh. 5,6-8 SLT)

Stellen Sie sich vor ...

... Sie sehen den größten, reinsten und schönsten Diamanten in der Sonne glänzen und legen ein dunkles Tuch mit einem winzigen Loch so über ihn, dass nur eine Facette zu sehen ist. In der Folge verschwinden der Glanz, seine Größe und Schönheit. So verhält es sich mit der Kraft und Größe Gottes, wenn Sie Ihn auf nur einen Charakterzug reduzieren. Wer Gott nur als den *guten* Gott oder den alles vergebenen Gott sieht, hat keine Gottesfurcht und steckt wahrscheinlich bereits im Treibsand.

Wer ungeprüft die Reden von Würdenträgern annimmt und die verdrehte Vorstellung von Gott und dem einzig rettenden Evangelium nur selektiv kennt, befindet sich ebenfalls auf gefährlichem Terrain. Das ist auch der Grund, warum Kirchen nicht retten. Das eigenständige Basteln eines beliebigen Gottesbildes hat ernsthafte Folgen!

Wissen ist eine Holschuld!

Und jeder, der sich Christ nennt, ist in der Schuld gegenüber Gott und seiner Seele, die Einsicht zu erlangen, die Gott für jeden bereithält! Diese Einsicht kann nur durch Gebet und das eigenständige und unabhängige Lesen der Bibel erworben werden.

Dieser Aufruf zur eigenständigen Handlung steht also im direkten Zusammenhang mit der Verantwortung eines jeden Christen, Einsicht durch Gebet und unabhängiges Bibelstudium zu erlangen!

Der weise König Salomon nutzt in den Sprüchen sogar die Befehlsform, um zum aktiven und eigenständigen Handeln aufzurufen.

Eine großartige Aussicht auf einen reichen Lohn erwartet diejenigen, die diesem Aufruf folgen.

5 Erwirb dir Weisheit, erwirb Verstand, vergiss ⟨sie⟩ nicht! Und weiche nicht von den Reden meines Mundes! 6 Verlass sie nicht, so wird sie dich behüten; liebe sie, so wird sie dich bewahren! 7 Der Weisheit Anfang ist: Erwirb dir Weisheit! Und mit allem, was du erworben hast, erwirb ⟨dir⟩ Verstand! 8 Halte sie hoch, so wird sie dich erhöhen! Sie bringt dich zu Ehren, wenn du sie umarmst. 9 Sie verleiht deinem Haupt einen anmutigen Kranz, eine prächtige Krone reicht sie dir dar. 10 Höre, mein Sohn, und nimm meine Worte an, dann werden dir zahlreich die Lebensjahre! (Spr. 4,5-10 ELB)

Das Evangelium wird weder in der Landeskirche noch in Freikirchen im vollen Umfang gepredigt. Zumindest habe ich es noch nicht gehört.
Gottes Wunsch nach der Gemeinschaft zu uns wird gerne angenommen, aber der Sündenfall und die Notwendigkeit der Buße werden ausgeklammert sowie die Botschaft vom Kreuz. Eine eventuelle Nachfolge wird auf die jeweiligen Glaubensgrundsätze zurechtgestutzt, während Gottes Verheißungen jedoch sehr gerne in Anspruch genommen werden.

In erschreckend vielen Gottesdiensten höre ich diese Vorstellung, doch seien Sie vorsichtig, Gott trägt Rache als ein Festgewand und ist ein eifersüchtiger Gott. Wer Gott in seinen eigenen Verstand pressen will, begeht einen blasphemischen Fehler.

Ich ermutige Sie: Verwerfen Sie alles, was Sie zu glauben wissen und lernen den allmächtigen Gott neu kennen.

Laden wir den Heiligen Geist in unser Leben ein und strecken uns heute erneut nach Ihm aus.

Genau das habe ich getan und ich erfahre Gott in meinem Leben immer wieder neu, deshalb schreibe ich Ihnen so eindringlich.
Bitte sehen Sie mir meine Art nach.
Geben wir Gott die Ehre und tüfteln an Seiner Heiligkeit nicht weiter herum, sondern nehmen Ihn einfach so an, wie Er selbst sich uns offenbart.

In diesem Zusammenhang möchte ich die ersten drei der zehn Gebote aus dem Buch Exodus aus dem Kapitel 20 aufgreifen.

Erstes Gebot: Du sollst keine anderen Götter neben mir haben!

Zweites Gebot: Du sollst dir kein Bildnis noch irgendein Gleichnis machen, weder von dem, was oben im Himmel, noch von dem, was unten auf Erden, noch von dem, was in den Wassern, unter der Erde ist. 5 Bete sie nicht an und diene ihnen nicht! Denn ich, der HERR, dein Gott, bin ein eifersüchtiger Gott, der die Schuld der Väter heimsucht an den Kindern bis in das dritte und vierte Glied derer, die mich hassen, 6 der aber Gnade erweist an vielen Tausenden, die mich lieben und meine Gebote halten.

Drittes Gebot: Du sollst den Namen des HERRN, deines Gottes, nicht missbrauchen! Denn der HERR wird den nicht ungestraft lassen, der seinen Namen missbraucht.

Mit dem Wissen ist es nicht nachvollziehbar, dass es so viele verschiedene Gottesbilder gibt und warum es in den Kirchen in Europa vor Engelsabbildungen und Marienstatuen nur so wimmelt.

Lassen Sie uns drei prinzipielle Fragen stellen und auch beantworten:

Warum gibt Gott uns so viele Gebote?
Damit wir ein gottesfürchtiges und gottgefälliges Leben auf Erden führen und es uns gut geht.

Erinnern wir uns: Zu Beginn gab es nur ein Gebot, doch das wurde gebrochen und die sündige Natur des Menschen verlangte nach immer mehr Regeln. Noch während Mose auf dem Berg Sinai die zehn Gebote erhält, gießen sich die Israeliten am Fuß des Berges bereits das goldene Kalb.

Gott sagt noch auf dem Berg zu Mose, dass das Volk Verderben anrichtet.

Sie sind schnell abgewichen von dem Weg, den ich ihnen geboten habe; sie haben sich ein gegossenes Kalb gemacht und haben es angebetet und ihm geopfert und gesagt: Das sind eure Götter, Israel, die dich aus dem Land Ägypten heraufgeführt haben! (Ex. 32,8 SLT)

Im Laufe der Jahre wuchs die Tora schließlich auf 613 Gebote an.

Warum? Der Mensch rebelliert gegen Gott und ist daher nicht in der Lage, Gottes Gebote aus eigener Kraft zu halten. Jesus weiß das und setzt die Messlatte in der Bergpredigt (Mt. 5-7) noch höher.

Warum tut Er das?
Damit wir erkennen, dass allein Seine Gnade rettet und nicht unsere Bemühungen, das Gesetz zu halten!

Lieber Leser, ich kann gar nicht genug betonen, dass die Bibel mehr als eine Ansammlung von unterhaltsamen Geschichten ist. Sie ist auch keine Mär, wie so oft behauptet. Die Bibel ist Gottes eigenes Wort, uns gebracht durch den Heiligen Geist und wird durch Ihn auch jedem offengelegt, der sich nach Gottes Erkenntnis sehnt.

Podest des Stolzes

Eine Vision im Juli 2024

Ich stehe in einem abgedunkelten Raum und brauche eine Weile, ehe ich mich an das spärliche Licht gewöhne. Ich sehe kein Fenster und keine Tür, nur ein diffuses Licht, das von der Decke herabscheint. Langsam erhellt sich der Raum. In der Mitte steht ein Siegerpodest. Ich gehe darauf zu, stelle mich auf Platz eins.
Das Licht verschwindet, ich stehe in völliger Dunkelheit. Meine Beine zittern und das Zittern kriecht durch den Rest meines Körpers. Mit aller Kraft konzentriere ich mich auf meine Atmung. Es funktioniert. Meine Gedanken beruhigen sich.
In meiner Erinnerung ist das Podest nicht hoch, so zwinge ich mich in die Hocke und fühle mit der Hand nach dem Boden. Ich fühle den kalten Stein, steige seitlich von dem Podest und stelle mich aufrecht hin.
Das Licht erscheint. Ich gehe wenige Schritte vom Podest weg, und mit jedem Schritt wird der Raum heller. Ich nehme allen Mut zusammen und gehe erneut in Richtung des Podests. Mit jedem Schritt wird der Raum dunkler. Schließlich entferne ich mich rückwärtsgehend wieder so weit wie möglich und der Raum wird hell. Mein Blick fällt auf das eingravierte Wort des mittleren Siegestreppchens – Stolz.

Jesus möchte, dass wir von dem Podest des eigenen Stolzes heruntersteigen. Diese Erkenntnis sprachen bereits zwei bekannte Prediger vor mir aus.

Charles H. Spurgeon fordert die Leser in seinem Buch *Erwählt vor Grundlegung der Welt* auf, vom Baum *der guten Taten* herunterzusteigen. Er bezog sich dabei auf Lukas 19,5.
Und als Jesus an den Ort kam, blickte er auf und sah ihn und sprach zu ihm: Zachäus, steige schnell herab; denn heute muss ich in deinem Haus einkehren! (SLT)

Überall dort, wo Jesus erscheint, versammeln sich unzählige Menschen. Zu der Zeit befindet sich Jesus in den letzten Monaten vor Seiner Kreuzigung. Jesus ist ein bekannter Mann, der die drei Messianischen Wunder vollbrachte, also jene Wunder, die gemäß der jüdischen Tradition ausschließlich durch Gott gewirkt werden.
Die jüdischen Gelehrten legten fest, was die Merkmale eines messianischen Wunders auszeichnet. Grundlegend ist festzuhalten, dass jedes Wunder durch Gott allein gewirkt wird und somit ein messianisches Wunder darstellt.
Es gibt so außergewöhnliche Wunder, wie die Auferweckung Lazarus, welches aber nicht zu den drei messianischen zählt. Spektakulär ist dieses Wunder, denn gemäß der jüdischen Auffassung, konnte eine Seele noch drei Tage nach dem Tod um den Verstorbenen schweben und gegebenenfalls in den Körper zurückkehren. Lazarus war bereits vier Tage tot.

Die Ausführungen über die Messianischen Wunder stammen nicht von mir, sondern aus dem Buch *Das Leben des Messias* von Arnold Fruchtenbaum. Ich erlaube mir, diese sinnwahrend zu paraphrasieren.

Erstes messianisches Wunder: Die Heilung des Aussätzigen, das uns in dem Evangelium nach Lukas, Kapitel 5 ab Vers 12 beschrieben wird. Der Aussätzige sieht Jesus und fällt Ihm zu Füßen, was

ein Indiz dafür ist, dass er bereits glaubt. Der Geheilte soll sich den Priestern zum Zeugnis zeigen, um nach dem mosaischen Gesetz umfangreiche Reinigungs- und Opferrituale zu vollziehen.
Die Tatsache, dass es keinen einzigen, durch Priester geheilten Aussätzigen der letzten Jahrhunderte gab, veranlasste die Hohepriester dieses Wunder als ein messianisches einzustufen.

Da streckte er die Hand aus, rührte ihn an und sprach: Ich will; sei gereinigt! Und sogleich wich der Aussatz von ihm. 14 Und er befahl ihm, es niemand zu sagen: Geh vielmehr hin, zeige dich dem Priester und opfere für deine Reinigung, wie Mose befohlen hat, ihnen zum Zeugnis! (Lk. 5, 13-14 SLT)

Mirjams Aussatz aus Num. 12, 9-14 war die unmittelbare Folge von Gottes Gericht an sie und verschwand nach sieben Tagen. Der Aussätzige Naeman aus 2. Könige 5 war ein aramäischer Mann und nicht jüdisch, so musste die Heilung nicht weiter untersucht werden.

Mit anderen Worten, es gab noch keinen geheilten Aussätzigen aus dem jüdischen Volk, der eine rituelle Untersuchung, Waschung und Opfergaben erforderte. Deshalb ist dies das erste der drei messianischen Wunder.

Zweites messianisches Wunder: Die Heilung eines stummen Geistes. Dessen Heilung ist für die Priester unmöglich, denn sie brauchen den Namen des Geistes, damit sie ihm befehlen können. Jesus braucht den nicht. Deshalb ist dies das Merkmal für Gott. Bemerkenswert ist, dass auch heutige Jünger Jesu nicht den Eigennamen der dämonen benötigen, um sie zu binden. Gott verleiht jedem Jünger die Vollmacht, ihnen zu befehlen.

Als sie aber hinausgingen, siehe, da brachte man einen Menschen zu ihm, der stumm und besessen war. 33 Und nachdem der Dämon ausgetrieben war, redete der Stumme. Und die Volksmenge verwunderte sich und sprach: So etwas ist noch nie in Israel gesehen worden! (Mt. 9,32-33 SLT)

Drittes messianische Wunder: Die Heilung des Blindgeborenen. Johannes berichtet uns in Kapitel 9, 1-7 von einem Blindgeborenen, dessen Heilung für die Priester unmöglich war, denn sie lehrten, dass Krankheit ein Resultat einer Sünde war. Wie kann jemand sündigen, der nicht einmal geboren ist?
Hier sehen wir das theologische Dilemma: Wer hat gesündigt, die Eltern oder das Ungeborene? Daher galt die Lehre, dass allein der Messias einen Blindgeborenen sehend machen konnte.

Von Anbeginn hat man nicht gehört, dass jemand die Augen eines Blindgeborenen geöffnet habe. (Joh. 9,32 ELB)

Warum führe ich diese Wunder an? Weil es diese Lehre heute noch gibt und viele Christen heute genauso so erpicht auf Wunder und bestimmte Dinge im Glauben sind, dass das Wesentliche ausgeblendet wird. Das Herz für den Messias öffnen.
Viele geraten heute in dieselbe Falle, wie damals die Hohepriester. Sie waren so auf ihre Schriften und Traditionen versteift, dass sie nicht merkten, das Gott selbst vor ihnen stand und mit ihnen sprach.
Ähnlich verhärtet sind heute etliche religiöse Leiter, die eine Gotteslehre ohne Gott zelebrieren.
Viele erliegen dem Irrglauben, sie müssten wahnsinnig viel in Eigenleistung anstellen, und andere erklären, man bräuchte nichts

Eigenes vollbringen, um Gott zu gefallen. Aber dem ist nicht so. Beide Ansätze sind gottlos und daher eine Lüge.

Die Szene, in der Jesus Zachäus auffordert von dem Baum herabzusteigen, steht kurz vor Jesu Einzug nach Jerusalem, Seinem Leiden und Tod.
Die Zöllner sind nicht beliebt bei dem jüdischen Volk, denn sie verlangen Steuern von der Bevölkerung und geben diese ihren Dienstherren, den noch unbeliebteren Römern ab. Dabei treiben die Zöllner üblicherweise einen höheren Betrag als den erforderlichen ein, und behalten die Marge als eigenen Lohn.

Jesus kommt mit seinen Jüngern nach Jericho und geht eine bestimmten Straße entlang. Dort wächst ein Maulbeerbaum und Zachäus, der klein von Gestalt war (Lk. 19,3), kletterte hinauf, um Jesus zu sehen. Stellen Sie sich vor, wie überrascht Zachäus gewesen sein muss, als Jesus ihn in dem Meer an Menschen direkt ansieht und über das Jubeln der Umstehenden hinweg, mit ihm spricht. Jesus fordert ihn auf, von dem Baum herunterzusteigen und sein Haus für Sich vorzubereiten. Mit anderen Worten, Jesus fordert Zachäus auf, sein Haus, also sein Herz, zu reinigen, aufzuräumen und Platz für Sich zu schaffen.

Ich fühle mich bei der Aufforderung genauso angesprochen, wie Zachäus. Deshalb gab der Heilige Geist mir die Vision des Podestes.
Die Aufforderung Jesu, das eigene Haus für Ihn zu bereiten, bedeutet sich selbst in den Hintergrund zu stellen. Anders formuliert, sich selbst nicht mehr so wichtig nehmen und Platz für den Heiligen Geist schaffen. Der Heilige Geist lässt sich nicht in ein volles

Herz quetschen, Er will Raum in uns haben und den sollten wir Ihm unbedingt geben. Nichts anders gebührt Ihm!

Und als er an den Ort kam, sah Jesus auf und erblickte ihn und sprach zu ihm: Zachäus, steig eilends herab! Denn heute muss ich in deinem Haus bleiben. (ELB)

Interessant ist die Tatsache, dass die Elberfelder Bibel nicht nur von *einkehren* spricht, sondern von *bleiben*.

Jesus ist gekommen, um zu bleiben. Jeder Mensch, der Ihm die Tür zu seinem Herzen öffnet, also Ihn bei sich aufnimmt, ist der Tempel Gottes. Und in Seinem Tempel bleibt Gott.

Wisst ihr nicht, dass ihr Gottes Tempel seid und der Geist Gottes in euch wohnt? (1.Kor. 3,16 ELB)

Dabei spielt das vorherige Leben für Jesus keine Rolle, denn Er schaut auf unser Herz.
Diese Erfahrung macht der Prophet Samuel in 1. Samuel 16, 1-13, nachdem er von Gott zu Isai gesandt wurde, um einen seiner Söhne zum König von Israel zu salben. Sieben Söhne gehen an Samuel vorbei und keiner der großgewachsenen ist der richtige.

Aber JHWH sprach zu Samuel

Sieh nicht auf sein Aussehen und auf seinen hohen Wuchs! Denn ich habe ihn verworfen. Denn (der HERR sieht) nicht auf das, worauf der Mensch sieht. Denn der Mensch sieht auf das, was vor Augen ist, aber der HERR sieht auf das Herz (1.Sam. 16,7 ELB)

Aus diesem Grundsatz heraus gehört auch Matthäus zu dem innersten Kreis Jesu und ist einer der zwölf Jünger. Er war in seinem vorangegangenen Leben ein Zöllner. Genau diese treue und unveränderliche Haltung Jesu gegenüber uns Menschen ist es zu verdanken, dass Ihnen und mir der Weg zum Glauben an Jesus aufgezeigt ist, und wir ebenfalls zu Seinem engsten Kreis gehören dürfen.

Der bekannte deutsche Pastor Wilhelm Busch sprach in vielen seiner Predigten und Vorträgen über die Notwendigkeit sich in das Evangelium einzuleben und darin zu wachsen. Thematisch passt der Zusammenhang gut und ich möchte in eignen Worten sinnwahrend seinen Tenor zusammenfassen: Es ist besser tiefe Wurzeln ins Evangelium auszubilden, als mit einem Blendwerk an guten Taten in das ewige Feuer zu geraten.
Denn nur der Glaube ist etwas wert, in dem man leben, aber auch sicher sterben kann. Dieser Satz stammt aus seinem Buch *Jesus unser Schicksal*. Ich lege Ihnen ans Herz, seine Bücher und Predigten selbst zu erfahren.

Die Gnade und Liebe, die uns widerfährt, wenn wir uns Ihm mit ganzem Herzen zuwenden, will ich erneut aufgreifen. Jesus wirft unsere Schuld hinter sich, Er gedenkt ihr nicht mehr.
Der Prophet Jesaja ruft diese Wahrheit in Freude und Dankbarkeit aus:

Siehe, zum Heil wurde mir bitteres Leid: Du, du hast liebevoll meine Seele von der Grube der Vernichtung zurückgehalten, denn alle meine Sünden hast du hinter deinen Rücken geworfen. (Jes. 38,17 ELB)

Lassen Sie es mich einmal anders und persönlich formulieren.

Ich bat Jeshua im Gebet, mich auf Ihn zu fokussieren, denn ich war in einer egozentrierten Phase, und in mir wuchs eine Sehnsucht nach der Welt. Ich dachte an Lots Frau, die sich sehnsüchtig nach Sodom umschaute und bat Gott wortwörtlich, mich zu erden.
Seine Antwort war: „Nein, himmeln!"

Ich schmunzelte und dachte, genau das ist es!

Dass Jesus mittels Humors den ein oder anderen Glaubensweg korrigiert, ist sensationell schön. Doch dürfen wir die Ernsthaftigkeit des Glaubens nicht aus den Augen verlieren. Gott ist nicht unser Kumpel für schöne Kneipenabende oder ein Wunscherfüller. Die respektvolle Distanz zu Gott darf nicht angekratzt werden; trotzdem dürfen wir mit Ihm lachen. Der Humor, den ich mit Jesus erfahre, ist scharfsinnig und präzise auf die Situation bezogen und geht niemals zu Seinen oder meinen Lasten. Bei aller Vertrautheit und Nähe zu Gott sollten wir uns immer auch Seiner Heiligkeit bewusst sein.

Dient dem HERRN mit Furcht und frohlockt mit Zittern. 12 Küsst den Sohn, damit er nicht zornig wird und ihr nicht umkommt auf dem Weg; denn wie leicht kann sein Zorn entbrennen! Wohl allen, die sich bergen bei ihm! (Ps. 2,11-12 SLT)

Wenn Jesus uns himmeln will, dann dürfen wir die Erde nicht mehr festhalten. Beides geht nämlich nicht.
Wie können wir gehimmelt werden? Durch die vollständige und persönliche Hingabe zu Jesus hin, ohne eingegebene Traditionen und vor allem ohne eigenen Stolz.

Ansonsten besteht die Gefahr, wie Lots Frau zur Salzsäule zu erstarren. Sie war gerettet und blickt doch zurück in die Welt. Verstehen wir diese Szene für uns. Wahrscheinlich wird niemand von uns im Leib eine Salzsäule werden, aber geistig sehr wohl. Dann nämlich, wenn wir uns lähmen lassen und die Grenze zwischen dem Wunsch Jesu, uns himmeln zu lassen und dem eigenen Verlangen, die Welt doch nicht so schlecht zu finden, nicht mehr deutlich ziehen.

Ich möchte das noch einmal anders schreiben: Wenn wir einfach nicht von unserem eigenen Podest runtersteigen wollen, werden wir durch Irrlehre eingelullt und erstarren.

Jesus schaut nicht auf unser Äußeres, nicht auf unsere Vergangenheit, wenn wir sie Ihm geben. Und Er vergibt uns sogar die Schuld, die wir in unserem Glaubensleben auf uns laden, sofern wir Ihn aufrichtig darum bitten.

Lassen Sie uns gemeinsam lernen, das Blendwerk an guten Taten, das Podest des Stolzes oder die prächtige Krone abzuwerfen und weiter ins Evangelium zu wachsen.

Dann gehören auch Sie und ich in den inneren Kreis der Freunde Jesu.
Wenn Jesus sagt, Ich bin der Weg, die Wahrheit und das Leben, dann ist Er es. Dann geht der Weg zum Vater auch nur über Ihn und kein Schleichweg oder Abkürzung wird uns zum Vater führen.

Jesus spricht zu ihm: Ich bin der Weg und die Wahrheit und das Leben; niemand kommt zum Vater als nur durch mich! (Joh. 14,6 SLT)

Stellen Sie sich vor …

… Sie sehen eine Fliege im Spinnennetz zappeln. Je mehr sie sich bewegt, desto mehr verheddert sie sich. Die Spinne sitzt versteckt am Rand und wartet einfach ab, bis sie die Fliege genüsslich frisst.

Das Spinnennetz ist das *System Welt*, die Spinne ist der satan und die Fliege sind Sie. Niemand kann sich aus diesem engmaschigen Netz aus eigener Kraft befreien. Je mehr Sie es versuchen, desto fester kleben Sie.
Es gibt nur eine Lösung: Jesus Christus!
Er ist unser Herr und Heiland, unser Schöpfer und außerhalb des Systems. Jesus Christus klüngelt nicht mit der Welt und steht in keinerlei Abhängigkeiten mit ihr.
Deshalb ist Er allein in der Lage, uns zu retten.
Beten Sie zu Jesus und bitten Sie Ihn um Hilfe, Er weitet die Maschen von außen und zieht Sie hinaus!

Dieses Bild erhielt ich während eines Spazierganges im bayerischen Odenwald. Meine Familie und ich wanderten unter dichten Blätterhainen entlang und stießen auf ein Kloster, welches eine Schenke bewirtschaftete, und wir entschlossen uns, dort einzukehren und anschließend den Rückweg anzutreten. Der Hof war voller Menschen; einige saßen auf mitgebrachten Campingstühlen, manche schauten in die Ferne, andere suchten den für sich besten Platz. Sie schienen auf etwas zu warten. Ein Knacken. Der Geruch von Weihrauch strömte aus der Kapelle. Erneut ein Knacken.

Ich fragte, ob etwas Besonderes sei und bekam zur Antwort, dass die neuen Ordensbrüder heute einziehen würden, und dieses sei der entsprechende Gottesdienst.
Ich kenne mich in den Strukturen der katholischen Kirche nicht aus, aber das schien vielen wichtig zu sein. Eine sonore Männerstimme ertönte über die Lautsprecher an dem Kirchengemäuer.
Der Prediger fing an zu sprechen, sofort fiel mir auf, dass alle Anwesenden nicht mehr in die Ferne, sondern auf den Boden schauten. Sie runzelten die Stirn, schauten konzentriert und nickten allesamt an denselben Stellen. Ich nahm mir vor, dem Sprecher ebenfalls zuzuhören.

Der Prediger sagte im Lauf seiner Rede, dass *jeder nach innen ein Kartäuser und nach außen ein Apostel sein solle.*

Ein zustimmendes Nicken aller Zuhörer. Für den Moment nahm ich an, dass das etwas Wichtiges sei und fand das prinzipiell ansprechend, obschon ich nicht wusste, was ein Kartäuser war. Ich befragte das www und fand heraus, dass es sich um den strengsten aller Bruderorden handelte.
Der Prediger wiederholte seine Aufforderung einige Male und ich fragte eine Frau etwas abseits der Menge, was das für sie bedeuten würde.
Sie betonte, dass jeder Christ seinen Glauben nach außen zeigen solle.
Ich fragte, ob es noch mehr Apostel gäbe, und sie schaute etwas verunsichert an. Ich wiederholte meine Frage und sie antwortete, dass es Apostel heute nicht mehr gäbe und, dass man das metaphorisch verstehen müsse.
Aha, dachte ich, wandte mich ab und ging zu einer anderen Frau, die beschwerlich ihren Rollator über das Kopfsteinpflaster schob.

Ich fragte, ob ich ihr helfen könne, aber sie lehnte ab. Ich gab ihr eine bedruckte Karte mit einem Bibelvers und sagte ihr, dass Jesus sie lieben würde und auf ihr Gebet warte, um sie zu retten. Sie blickte mich mit einem steinernen Blick an und sagte, dass sie zu Maria beten würde. Ich antwortete, dass Maria sie nicht retten würde, weil sie nur eine Frau ist, wohl aber Jesus, weil Er Gott ist. Sie rollte die Augen und schob an mir vorbei.

Dies ist nur eins von vielen Beispielen, welches ich im Lauf meines Glaubenslebens erfuhr.
Jedes Mal bin ich traurig und gleichzeitig ein bisschen zornig über solche Antworten.
Ich schreibe dies beispielhaft für viele andere Ereignisse auf, weil es sehr deutlich zeigt, dass viele Menschen zwar Gott suchen, aber in einem Nebel aus Religiosität feststecken.
Jesus Christus ist nun mal der Einzige, der rettet. Er ist Gott und wurde als Mensch von der Jungfrau Maria geboren.

Aber diese Marienanbetung ist Götzendienst. Besonders traurig finde ich, dass die Gläubigen Gott suchen und denken, in Maria einen gefunden haben, aber dabei leider einer Lüge aufgesessen sind. Ich höre schon den Einwand, dass nicht Maria allein, sondern auch Jesus angebetet wird. Dieses *auch* ist das Problem.
Es ist eine massive Lüge des satan, ein Geschöpf als Schöpfer anzubeten. Und Maria, die so viele als Mutter Gottes anbeten, ist in Wahrheit eine Reinkarnationsgöttin, also eine Göttin der Wiedergeburt. Und eine Wiedergeburt, wie sie durch die Reinkarnationslehre verbreitet wird, ist biblisch falsch. Das ist nur wieder eine tückische Falle des satan, damit sich Menschen dem Gedanken einer Wiedergeburt nicht verwehren. Aber man ist eben nur einer dämonisch verdrehten Form der Wiedergeburt zugänglich. Die

meisten Menschen sind dem Übernatürlichen nicht abgeneigt, sie sind auch Engelwesen oder Göttern – die es aber nicht gibt – angetan, aber sie lehnen Jesus als Gott ab.

Reinkarnationsgöttinnen gibt es viele. Semiramis war Nimrods Ehefrau und die erste Sonnengöttin. Alle ihr folgenden sind sie, egal wie sie heißen.
Artemis ist ihr griechischer Name. Diana ihr römischer und Maria ihr christlicher.

Glauben Sie nicht? Schauen Sie sich Maria in einer beliebigen Kirche an, sie hat immer einen Sonnenkranz um ihren Kopf, und den Säugling Jesus auf dem Arm. Man hat den Eindruck, Jesus darf nicht erwachsen werden.

Das Geschöpf wird zum Schöpfer gemacht.

Die biblische Maria, die Ehefrau Josefs und irdische Mutter des Menschen Jesus, ist die wohl begnadetste Frau unter der Sonne und diejenige mit der erhabensten Lebensaufgabe, aber sie ist nur eine Frau.
Wir müssen unbedingt verstehen, dass Maria ein Geschöpf von Gott in Jesus ist. Sie ist von Gott in Jesus gewollt und geschaffen, gesegnet, gerettet und auserkoren für diese eine herrliche Aufgabe. Sie ist in genau der Zeit, bei dem einen Mann und in dem einen Ort, nämlich Bethlehem.

Das zeigt uns, dass jeder einzelne Mensch, egal ob Nachfolger Jesu oder – jetzt noch – natürlicher Mensch oder gottloser Christ, in genau der Zeit, an dem jeweiligen Ort und Familie gesetzt ist. Das sollten wir als Chance sehen.

In den zahlreichen Gesprächen mit meist Frauen habe ich festgestellt, dass sie von der Kirche oder einem Pfarrer enttäuscht wurden und sich deshalb von der Kirche und von Jesus gleich mit, abgewandt haben. Wenn ich ihnen erkläre, dass Jesus nichts mit der Kirche als Institution zu tun hat, sondern außerhalb des Systems der menschlichen Einrichtung steht, wenden sich manche wieder Gott zu.

Sehen Sie, ich komme nicht mit einer neuen Lehre oder will eine frische Religion etablieren. Ich möchte Jesus aus dem Konglomerat an Religionen herauslösen und den Stellenwert beimessen, der Ihm als Gott gebührt.

Ich möchte den Fokus eines jeden Christen zurück auf Jesus lenken. Denn ich bin überzeugt davon, dass sich in den nächsten Monaten und Jahren viele Menschen, die derzeit in festen religiösen Strukturen stecken, zu Jesus bekehren. Da braucht es jetzt nicht noch mehr Unterschiede, sondern Einigkeit.

Wie könnten wir unsere Mitmenschen trösten, wenn wir nicht wissen, wie und mit Wem?

Jesus ist der einzige und lebendige Gott! Er zeigt Seine unermessliche Geduld darin, dass noch Gnadenzeit ist.
Es gibt Christen, die beten intensiv dafür, dass Jesus schneller kommen soll. Davor will ich warnen, es steht keinem Menschen zu, den Zeitpunkt der Wiederkunft Jesu zu kennen, oder zu beschleunigen. Aber ich verstehe die Motivation hinter dem Gebet.
Sehen wir es lieber so: Jeder Tag, der vergeht, an dem Jesus noch nicht in Pracht und Herrlichkeit erschienen ist, ist ein Tag der Gnade und beinhaltet die Möglichkeit für jeden Einzelnen zur Buße

und Bekehrung. Danken wir lieber Jeshua Hamashiach, dass wir die Gelegenheit zur Fürbitte haben.

Über den Ausspruch des katholischen Predigers dachte ich lange nach und betete über diesen. Ich fand ihn ansprechend, nur dass ich die straffe Religiosität der Kartäuser ablehne. Und doch greife ich die Aufforderung nach einer Prüfung vor Gott erneut auf. Ich möchte Ihnen mitteilen, wie der Heilige Geist mir die Äußerung öffnete:
Was wir nach außen zeigen, müssen wir unbedingt nach innen vor Gott leben. Nach innen Jünger sein und nach außen auch. Oder wenn ich den Prediger paraphrasiere; *nach innen und nach außen Apostel sein.*
Alles andere wäre Heuchelei, denn Gott sieht in unser Herz.
In den vergangenen Monaten dankte ich Gott dafür, dass ich wunderbar gemacht bin. Das klingt in den natürlichen Ohren etwas eitel, doch das Gegenteil ist der Fall. Es ist demütig, die eigene Identität in Gott zu erkennen, anzunehmen und zu leben.
Es ist eine Auszeichnung Gottes, wenn ein Mensch mit sich selbst zurechtkommt.

Aber, aus eigener Erfahrung heraus weiß ich, es ist ein langer Weg dahin, denn wir sind auf ein gepimptes, also aufgeblasenes Ich getrimmt und müssen uns oft gegenüber Familie, Kollegen oder Lehrern behaupten, die einen Jünger Jesu in seiner Handlungsweise und Ansichten nicht verstehen.

Die Welt bricht vor unseren Augen auseinander und wir befinden uns inmitten erlebbarer biblischer Prophetie. Wenn nicht jetzt die Zeit ist, allein Jesus in den Mittelpunkt zu stellen, dann weiß ich nicht, wann sonst.

Jesus ist der Schöpfer der Himmel und der Erde. Er bezeugt dies Seinen Jüngern, also auch uns heute.
Lassen Sie es mich deutlich formulieren: Es gibt heute ebenfalls Apostel und Jünger Jesu. Wir sollten verstehen, dass jeder im Geist und Wasser Geborene ebenso Jünger ist und zu Jesu engsten Kreis gehört, wie die Jünger der Bibel, wenn wir so handeln. Deshalb spricht Jesus zu Ihnen und mir.

Und Jesus trat herzu, redete mit ihnen und sprach: Mir ist gegeben alle Gewalt im Himmel und auf Erden. (Mt. 28,18 LUT)

Blicken wir nur auf Ihn.

Dann sind wir Überwinder dieses Systems Welt, von dem ich in dem Bild des Spinnennetzes schrieb. Jesus ist der Überwinder und jeder, der ...

aus Gott geboren ist, überwindet die Welt; und dies ist der Sieg, der die Welt überwunden hat: unser Glaube. (1. Joh. 5,4 ELB)

Ich möchte Ihnen Mut zusprechen, Gott in Jesus Christus, um die Offenbarung Ihrer Berufung zu fragen. Schieben wir alle Unsicherheiten zur Seite und gehen *All-in*.

Das ist phänomenal, ich erlebe es in diesem Moment, wie ich schreibe selbst. Gott gibt das Talent, Er gibt das Thema und die Möglichkeit, Er trägt und führt hindurch und fügt das Ergebnis.

Wenn wir uns an Dem festhalten, Der über allen Dingen steht, jeden Sturm in unserem Leben und dem satan zu befehlen weiß, dann dürfen wir jubelnd in Dankbarkeit ausrufen:

Gott aber sei Dank, der uns den Sieg gibt durch unseren HERRN Jesus Christus! (1.Kor. 15,57 ELB)

Der Sieg ist vollkommen und umfänglicher, als wir ahnen. Es ist der Sieg über unser Ego, Unglaube, jeden Zweifel und jeden, der uns blockieren will. Sowohl in der natürlichen als auch der spirituellen Welt.

Nehmen wir die Verse, die der Apostel Paulus an die Christen in Philippi schreibt als Anreiz in diesem Moment Jesus für alles in unserem Leben zu denken.

Sorgt euch um nichts, sondern in allen Dingen lasst eure Bitten in Gebet und Flehen mit Danksagung vor Gott kundwerden! Und der Friede Gottes, der Höher ist als alle Vernunft, wird in eure Herzen und Sinne in Christus Jesus bewahren. (Phil. 4,6-7 SLT)

Aus Glauben leben

Die Orgelmusik erfüllt das gesamte Kirchenschiff. Mein Blick wandert von einem Fenster zum anderen. Von außen erahnte ich diese Farbenpracht nicht, aber aus dieser Perspektive heraus, bewundere ich jedes noch so kleine Stück Buntglas. Die Musik trägt meine Gedanken weit weg. In meinem Kopf setzt sich ein Gedanke fest.
Bin ich gerettet?
Ich zucke zusammen.
Ja klar.
Aber wieso fühle ich mich wie auf einem schwankenden Schiff? Ich knete meine Hände und konzentriere mich auf den Hinterkopf meines Vordermannes.

Wenn Sie sicher wissen wollen, ob Sie gerettet sind, richten Sie Ihr ganzes Augenmerk auf Jesus. Denn an Jesus glauben heißt, auf Jesus vertrauen.
Dabei ist es unabdingbar, vollständig und bedingungslos zu glauben.

Doch in manchen Momenten scheint es gar unmöglich zu sein, auf Gott zu vertrauen. Heimlich schleicht sich der Gedanke ein, dass das eigene Problem das schwerste überhaupt sei und hoffnungslos dazu.

Zum Glauben gehört Mut. Petrus verbindet beides miteinander und bittet Jesus in Matthäus 14, im Vertrauen auf Seine göttliche Macht, ihn zu befähigen, übers Wasser zu gehen.

28 Petrus aber antwortete ihm und sprach: Herr, wenn du es bist, so befiehl mir, auf dem Wasser zu dir zu kommen!

29 Er aber sprach: Komm! Und Petrus stieg aus dem Boot und ging auf dem Wasser und kam auf Jesus zu.

Wer über das Wasser gehen will, muss den Mut aufbringen, aus dem Boot zu steigen.

Die Frage nach der eigenen Rettung kann eine Falle des satan sein, denn je nach Tagesform fällt die Antwort möglicherweise so oder so aus.

Betrachten wir das Wesen dieser Frage genauer. Sie wird aus einem Zweifel herausgestellt. Und das Infragestellen von Gottes Zusagen ist ein Werkzeug des satan.

Wenn der satan es schafft, Eva zu verführen, dann ist es ihm ein leichtes auch unser Gewissen anzugreifen. Schnell folgen Fragen, ob man genug macht, ob man ausreicht oder, ob die begangene Sünde zu schlimm war, um zum himmlischen Vater zu gelangen.

Vielleicht spüren Sie beim Lesen, wie schnell man in den buchstäblichen teufelskreis gelangt. Stellen Sie sich einen Brummkreisel vor: Der satan bewegt die Drillstange schneller und schneller und Sie wirbeln im Inneren des Kreisels hin und her. Eine Strategie des satan ist es, Sie so in Fragen zu verstricken und nach irdischen Antworten zu suchen, deren Antwort doch allein Jesus obliegt.

Warum liegt dem satan so viel daran, uns anzugreifen? Weil wir durch Glauben leben.

Ein Pferd mit Scheuklappen ist in seinem Sichtfeld stark einge-schränkt. Verdeckt man auch noch den offenen Bereich, ist es blind. Unser Sichtfeld auf die Dinge um uns herum ist ähnlich ein-geschränkt. Wir wissen zwar um unsichtbare Dinge, weil sie uns in Gottes Wort offenbart sind, aber wir sehen sie nicht mit unseren natürlichen Augen. Müssen wir auch nicht ...

Denn wir wandeln im Glauben und nicht im Schauen. (2.Kor. 5,7 ELB)

In dem Moment, als Petrus seinen Blick von Jesus abwendet, wird ihm wieder bewusst, wo er ist. Mitten im Sturm und auf dem Was-ser.

30 Als er aber den starken Wind sah, fürchtete er sich; und als er anfing zu sinken, schrie er und sprach: Herr, rette mich! 31 So-gleich, aber streckte Jesus die Hand aus, ergriff ihn und spricht zu ihm: Kleingläubiger, warum zweifeltest du? (Mt. 14,30-31 ELB)

Petrus glaubt, dass er in der Kraft Jesu über das Wasser laufen kann. Solange er sich auf Jesus konzentriert, läuft er sicher über ein Element, dass höchstens eine Basiliskenechse sicher trägt.

Es gibt Bibelausleger, die vertreten die pauschale Auffassung, dass das Heil, ist es einmal geschenkt, nicht wieder genommen wird. Sie stützen sich dabei auf die Aussage von Jesus, aus dem Johannes Evangelium, Kapitel 10, und dem Brief an die Römer, Kapitel 8, die folgendes beschreiben ...

27 Meine Schafe hören auf meine Stimme, und ich kenne sie, und sie folgen mir nach; 28 und ich gebe ihnen ewiges Leben, und sie

werden in alle Ewigkeit nicht umkommen, und niemand wird sie meiner Hand entreißen. 29 Mein Vater, der sie mir gegeben hat, ist größer als alle, und niemand vermag sie der Hand meines Vaters zu entreißen. (Joh. 10, 27-29 MENG)
...
38 Denn ich bin dessen gewiss, dass weder Tod noch Leben, weder Engel noch Gewalten, weder Gegenwärtiges noch Zukünftiges noch irgendwelche Mächte, 39 weder Höhe noch Tiefe noch sonst irgendetwas anderes Geschaffenes imstande sein wird, uns von der Liebe Gottes zu scheiden, die da ist in Christus Jesus, unserm Herrn. (Röm. 8,38-39 MENG)

Das sind wunderbare Textstellen, denn sie spenden Trost und wiegen jeden feurigen Christen in den Armen Gottes. Aber ich möchte in Bezug auf die Unverlierbarkeit folgende Frage stellen: Wird in der Argumentation nicht der Schöpfer vergessen? Dass es keinem Geschöpf gelingt, jemanden aus den Armen Jesu zu reißen, verstehe ich – zumindest, solange sich ein Christ auf seinem Glaubenslauf befindet und beharrlich an Jesus festhält. Aber was ist mit dem Schöpfer selbst? Von Ihm wird in dieser aufgeführten Bibelstelle nicht gesprochen. Wenn sich ein Mensch allein auf die von Menschen pauschalisierte Auslegung dieser Verse verlässt, könnte das ein Trugschluss sein. Denn Gott ist nichts unmöglich. Er ist der Schöpfer aller Dinge, derjenige, der Regeln und Gesetze festlegt; sollten wir Ihn dann nicht in erster Linie befragen?
... noch sonst irgendetwas anderes Geschaffenes ... bezieht sich nicht auf den Schöpfer, vielmehr auf die Geschöpfe.

Und was ist mit einem selbst? Der Mensch selbst kann sich nicht aus der Hand Gottes winden? In der Argumentationskette habe ich mehrfach gehört, dass man selbst als Geschöpf gilt und damit au-

ßer Stande sei, von ... *sonst irgendetwas anderes Geschaffenes* ... aus der Hand Gottes gerissen zu werden. Das halte ich für abenteuerlich und biblisch nicht begründet. Denn warum ist es denn so wichtig, dauerhaft klar an Jesus zu bleiben und sein eigenes Feuer am Brennen zu halten, wenn doch nichts passieren kann?
Ist denn Eva nichts passiert? Oder den törichten Jungfrauen, Esau oder all den anderen Negativbeispielen der Bibel bezüglich einer Abkehr von Gott. Warum sonst warnt Jesus selbst vor der Lauheit?

Der Apostel Paulus spricht in seinem Brief an die Römer, in Kapitel 8, ausschließlich wiedergeborene Christen an und erklärt, dass, wer fleischlich gesinnt ist, den Tod empfängt, doch wer geistlich gesinnt ist, das Leben empfängt.

Ich schreibe deshalb so provokant, weil ich Sie zum eigenen Forschen in der Bibel und zum selbständigen Gebet und Glaubensleben anregen möchte. Unstrittig ist doch, dass es auch heute fleischlich gesinnte Christen gibt. Für sie ist die Heilsfrage anders zu beantworten als für geistliche Christen.

Wenn aber Christus in euch ist, so ist der Leib zwar tot um der Sünde willen, der Geist aber ist Leben um der Gerechtigkeit willen. 11 Wenn aber der Geist dessen, der Jesus von den Toten auferweckt hat, in euch wohnt, so wird er, der Christus von den Toten auferweckt hat, auch eure sterblichen Leiber lebendig machen durch seinen Geist, der in euch wohnt. (Röm. 8,10-11 LUT)

Diese Verse machen deutlich, warum eine Pauschalantwort suboptimal ist, denn jemand, der diese Frage stellt, muss erst einmal für sich beantworten können, ob er fleischlich oder geistlich gesinnt ist.

Es gibt gegenteilige Meinungen, die sagen, dass das Heil genommen werden kann. Sie begründen ihre Auffassung in den Versen aus der Offenbarung.

Denke also daran, von welcher Höhe du herabgefallen bist; und gehe in dich und tue die ersten Werke wieder! Sonst komme ich über dich und werde deinen Leuchter von seiner Stelle rücken, wenn du nicht in dich gehst. (Off. 2,5 MENG)

Die Hoffnung für Alle übersetzt das Wort Werke mit Hingabe.

Weißt du noch, mit welcher Hingabe du einmal begonnen hast? Was ist davon geblieben? Kehr um und handle wieder so wie zu Beginn. Sonst werde ich kommen und deinen Leuchter von seinem Platz stoßen. (Off. 2,5 HFA)

In Kapitel 3 schrieb ich über ein ungeteiltes Herz und den Wandel, der Gott gefällt. Rufen wir uns in diesem Zusammenhang die klugen und törichten Jungfrauen in Erinnerung. Wie verhielten sich die klugen im Gegensatz zu den törichten? Dazu möchte ich Ihnen von einem Gespräch berichten.

Ich sprach nach meiner Wiedergeburt mit einem Gemeindeleiter einer Freikirche über das Thema Heilsgewissheit. Er klatschte in die Hände und sagte: „Jetzt kann dir nichts mehr passieren. Wenn Jesus dich gerettet hat, kannst du machen, was du willst. Er kennt deine zukünftigen Taten, Worte und Gedanken und trotzdem hat er dich gerettet. Du bist gerechtfertigt." Seine Grundlage für die Annahme war Salomos Buch der Prediger.

Ich habe erkannt, dass alles, was Gott tut, für ewig ist; man kann nichts hinzufügen und nichts davon wegnehmen; und Gott hat es so gemacht, damit man ihn fürchte. (Pred. 3,14 SLT)

Da man seinem Heil nichts hinzufügen oder wegnehmen kann und Jesus alles von jedem kennt, und man errettet ist, kann man machen, was man will. Vor dieser Annahme kann ich nur warnen. Warum sollte man denn noch machen wollen, was man will? Wohin bringt uns denn der eigene Wille unter Umständen?

Dies sind nur die gängigsten Interpretationen auf die Frage, ob die Gnade genommen werden könnte oder nicht.
Die Exklusivität von geschlossenen Glaubenseinrichtungen und deren Alleinanspruch auf deren Rettung habe ich bewusst ausgeklammert, es wird auch so deutlich, auf was es ankommt.
Erlauben Sie mir etwas auszuholen, damit meine Schlussfolgerungen unmissverständlich werden.
Das Neue Testament ist in Griechisch verfasst, der Begriff Heil, den wir in der deutschen Sprache oft wählen, ist dem Begriff Gnade – griechisch *chrais* – gleich und wird in der Elberfelder Bibel ebenso mit Gunst übersetzt.

Noah aber fand Gunst in den Augen des HERRN. (Gen. 6,8 ELB)

Noah aber fand Gnade in den Augen des HERRN. (Gen. 6,8 SLT)

Wenn die Frage nach dem Heil mit dem gleichbedeutenden Begriff der Gnade gestellt wird, verändert sich die Dynamik der Frage so sehr, dass ein Christ sich scheut diese zu stellen.

Niemand würde fragen, ob man die Gnade verloren hat. Denn wem sie genommen ist, würde das wohl wissen. Und wer sie nicht hat, fragt nicht, ob er sie verloren hat.

Henry Morgan war ein walisischer Pirat und wurde durch erfolgreiche Angriffe auf spanische Kolonien in der Karibik berühmt. 1674 wurde er durch König Karl II von England und Schottland begnadigt, weil die Raubzüge gegen Spanien im damaligen Interesse Englands standen und wurde trotz seiner fragwürdigen Karriere Vizegouverneur von Jamaika.

Glauben Sie, er wäre zurück zum König gegangen und hätte nachgefragt, ob der das wirklich so meint, oder ob er nochmal über die Begnadigung nachdenken wolle?

Wie viel mehr als ein Mensch, steht Gott zu Seinem Wort?

Ebenso wenig wird Henry Morgan sich geziert haben, dieses Amt anzunehmen. Aber Christen wagen kaum, ihre Identität in Christus anzunehmen. Dabei ist das Kennen der Identität, wie die Hand Jesu, die Petrus auf dem Wasser festhielt. Eine Lüge des satan ist zum Beispiel, dass man ein Versager sei, aber die Wahrheit Gottes ist in Psalm 28, 7 zu lesen.

Der HERR ist meine Stärke und mein Schild; auf ihn traut mein Herz und mir ist geholfen. Nun ist mein Herz fröhlich, und ich will ihm danken mit meinem Lied. (ELB)

Das griechische Wort charis ist sehr nahe mit dem Wort chara verwand. Chara bedeutet Freude.

Nehemia spricht: Seid nicht bekümmert, denn die Freude am HERRN, sie ist eure Stärke (Neh. 8,10 SLT)

Also nehmen wir die Freude doch einfach an und hüten wir uns davor, die Frage nach dem eigenen Heil in Stolz zu beantworten. Nicht umsonst fleht David nach der Sünde mit Bathseba ...

Gib mir wieder die Freude an deinem Heil, und stärke mich mit einem willigen Geist! (Ps. 51,14 SLT)

Stolz bläht einen Menschen nicht nur auf, er hält ihn auch künstlich klein. Sicherlich kennen Sie jemanden, der immer wieder von sich selbst sagt: „Ich bin ein armes Sünderlein, wie kann ich nur gerettet werden?" Und im gleichen Atemzug beteuert, dass er Christ sei. Das ist eine verdrehte Form des Stolzes.

Durch den Sündenfall sind wir von Gott getrennt und lebten ein gottloses Leben. Also ein Leben ohne Gott. Wir lebten von Gott unabhängig. Der satan will uns nach unserer Wiedergeburt zurück in diesen Zustand zwängen. Eine gerettete und begnadigte Seele hasst er und sein Bestreben ist auf Wiedergeborene gelegt. er will uns permanent ablenken.

Sie merken, die Gefahr lauert in einer pauschalen Antwort und bereits in der Frage. Warum? Beantworten Prediger die Frage mit einem beherzten *Ja*, dann muss die Gegenfrage erlaubt sein, worauf Sie die Annahme gründen: Gottvertrauen, einer aktionsmotivierten Herzensfülle oder Menschenlehre?
Beantworten Sie die Frage verhalten, dann gehen Sie bitte ins Gebet.

Wer Jesus nachfolgen will, muss auf Ihn blicken.
Petrus war Fischer, er kannte Wasser und wusste genau, dass die Oberflächenspannung ihn nie tragen würde, dennoch stieg er aus dem Boot und lief Jesus einige Schritte entgegen.

Aus eigener Erfahrung weiß ich, diese Heilsfrage schwang lange wie ein Damoklesschwert über mir. Ich traute mich kaum, sie zu bejahen, denn ich fühlte mich stolz.
Jesu Gnade ist unverdient. Wäre sie es nicht, wäre sie Lohn für Leistung. So aber ist sie vollkommen und ein unverdientes Geschenk für jeden der glaubt.
Eine verneinende Antwort traute ich mich gar nicht zu geben. Das wäre mit Unglauben gleichbedeutend.

Der Brummkreisel drehte immer schneller in meinem Kopf.
Erst nachdem ich meinem himmlischen Vater im Gebet mit dem Mund offenlegte, dass ich *Christsein* einfach nicht hinkriege und alles Erlernte abschüttelte und mich von Predigten und Social-Media-Kanälen löste, erhielt ich die Antwort auf mein Flehen.

Gott sagte zu mir: „Nimm dich nicht so wichtig!"

Die Frage nach der Rettung, stellt sich doch meist in dem Moment, in dem wir uns unserer eigenen Unzulänglichkeit bewusst werden oder einen inkonsequenten Lebenswandel führen.

Die Frage nach der Verlierbarkeit der Gnade ist in ihrer Motivation eine egoistische Frage.
Ein Christ sollte weniger nach dem fragen, was man möglicherweise selbstverschuldet verlieren könnte, sondern danach, ob man Gott reizen will.

Ich stelle die Frage einmal anders:
Lebe ich mit Gott und vertraue Ihm vollständig, dass Er es mit meiner Seele gut macht, oder will ich bloß eine Bestätigung dessen, dass alles gut wird und lebe weiter wie bisher?
Wenn wir ein Gottzentriertes Leben führen, Ihn in allen Belangen fragen und durch den Tag mitnehmen, dann tun wir alles, was Gott von uns erwartet und die Frage selbst stellt sich erst gar nicht. Und wenn sie doch in schwachen Momenten aufkommt, dürfen wir sie an Gott abgeben und auf Ihn vertrauen.

Den Frieden Gottes erhielt ich erst, als ich diese Frage an Ihn abgab. Das ist der Kern dessen, was wir machen sollen. Alles aktiv an Jesus abgeben, damit wir allein Ihn festhalten.

Wirf auf den HERRN deine Bürde: er wird dich aufrecht erhalten; er lässt den Gerechten nicht ewig wanken. (Ps. 55,23 MENG)

Du bist gütig und freundlich, lehre mich deine Gebote. (Ps. 119,68 LUT)

In den sieben Sendschreiben weist Jesus darauf hin, dass wir den satan überwinden und festhalten sollen, was wir haben.

Wer ein Ohr hat, der höre, was der Geist den Gemeinden sagt! Wer überwindet, dem wird kein Leid geschehen von dem zweiten Tod. (Off. 2,11 – Smyrna SLT)

Siehe, ich komme bald; halte fest, was du hast, damit [dir] niemand deine Krone nehme! (Off. 3,11 – Philadelphia SLT)

Wie denn jetzt? Kann ein Christ das Heil verlieren oder nicht?

Stellt ein Mensch die Frage an einen Menschen, ist der Adressat der falsche. Denken Sie an die Bergpredigt aus dem Matthäus Evangelium in Kapitel 5. Hier sagt Jesus, dass jeder Jünger das Salz der Erde ist, aber wenn es fade geworden ist, wird es weggeschüttet und von den Leuten zertreten. Jünger sind das Salz der Erde und können fade werden!

Ihr seid das Salz der Erde. Wenn aber das Salz fade wird, womit soll es wieder salzig gemacht werden? Es taugt zu nichts mehr, als dass es hinausgeworfen und von den Leuten zertreten wird. (Mt. 5,13 SLT)

Damit ist die Antwort gegeben: Ja, ein Christ kann vom Glauben abfallen. Deshalb ist es ja so wichtig, das Glaubensfeuer am Brennen zu halten!

Und wer Jesus hat, hat das Leben!

Wenn ein Nachfolger Jesu die Frage für sich persönlich beantwortet haben möchten, dann sollte dieser den Mut aufbringen, im Gebet Gott zu fragen, wie Er denjenigen sieht und Jesus bitten ihn auf dem Pfad der Gerechtigkeit zu halten. (Spr. 8,20 ELB)

Wenn Sie eine Gehaltsverhandlung wünschen, gehen Sie nicht zum Hausmeister, sondern zu Ihrem Chef.
Sprechen Sie in dieser heiklen Frage bitte nicht mit dem Prediger ihrer Wahl, sondern mit dem Einzigen, der Ihnen kompetent und persönlich zu antworten vermag.

Was ist es denn, was Jesus von jedem einzelnen Menschen will?
Unser ungeteiltes Herz.

Denken Sie an die Frage, die Jesus Petrus stellte, als er unterging:

Kleingläubiger, warum zweifeltest du? (Mt. 14 28-31 ELB)
Würde Jesus uns nicht dieselbe Antwort geben?

Also lassen Sie uns so leben, dass wir mit ganzem Herzen und ganzer Kraft auf Jesus ausgerichtet sind und Ihm gefallen. Das Mädchen in meinem Traum hatte allein ihr Herz.

Fragen wir uns lieber, ob man mit seinem Lebenswandel Gott ehrt, denn Passivität im Glauben verbrennt das Öl sehr schnell und Jesus kennt einen nicht mehr.

Lassen Sie uns vielmehr durch einen Gottgefälligen Lebenswandel das Öl in unseren Laternen und Kannen am Brennen halten. Dann braucht es diese Frage nicht und wir behalten sicher die Gnade Gottes und gehen zu unserem Bräutigam ein.

Seien wir doch etwas mehr Petrus und weniger kleingläubig.

Vertrauen wir darauf, dass Jesus jedes einzelne Seiner Schafe kennt und hält. Wenn sich ein Christ auf Jesus fokussiert, dann hört derjenige die Stimme Gottes und dann braucht niemand mehr die zweifelbehaftete Frage nach der eigenen Rettung stellen.

Jesus zog Petrus aus dem Wasser, als dieser versank, vertrauen wir Jesus, dass Er das mit jedem, der Ihn bittet, auch heute macht. Wenn Sie eine individuelle und sichere Antwort wünschen, beten Sie zu Jesus.

Mut tut gut!

Eigene Maßstäbe

An einem Novemberabend spazierte ich auf einer Straße in unserer Stadt. Mein Blick wanderte zum Himmel, aber es waren kaum Sterne sichtbar. Es war einfach zu hell. Ich ging weiter, bis ich unter einer Laterne stand und schaute erneut nach oben. Das künstliche Licht blendete mich und selbst der hellste Stern verschwand.

So wie das künstliche Licht mich blendete, so verhält es sich, wenn man auf seine eigenen Werke schaut und diese nach eigenen Maßstäben beurteilt. Man steht unter einem trügerischen Licht und sieht Gott nicht mehr.

Licht assoziieren wir mit einem positiven Gefühl der Sicherheit. Das liegt meines Erachtens daran, dass wir Geschöpfe beziehungsweise Kinder Gottes sind und Er das Licht ist.

Gott schuf das Licht, und trennte so Licht und finsternis deutlich voneinander.

1 Am Anfang schuf Gott Himmel und Erde. 2 Und die Erde war wüst und leer, und Finsternis lag auf der Tiefe; und der Geist Gottes schwebte über dem Wasser. 3 Und Gott sprach: Es werde Licht! Und es ward Licht. 4 Und Gott sah, dass das Licht gut war. Da schied Gott das Licht von der Finsternis (Gen. 1,1-4 LUT)

Bereits im dritten Vers der Bibel schuf Gott das Licht, und er sah, dass das Licht gut sei. Bitte verwechseln Sie das Licht in diesem

Zusammenhang nicht mit der Sonne, wie ich es selbst zu Beginn meines Glaubens durcheinanderbrachte.
Eine Bestätigung, dass Gott Licht ist, finden wir im ersten Johannesbrief, im ersten Kapitel, in Vers 5.

Und das ist die Botschaft, die wir von ihm gehört haben und euch verkündigen: Gott ist Licht, und in ihm ist keine Finsternis. (LUT)

Im Neuen Testament gibt der Heilige Geist Johannes in seinem gleichnamigen Evangelium ein, dass Jesus Gott und das Licht ist.

1Im Anfang war das Wort, und das Wort war bei Gott, und das Wort war Gott. 2 Dieses war im Anfang bei Gott. 3 Alles ist durch dasselbe entstanden; und ohne dasselbe ist auch nicht eines entstanden, was entstanden ist. In ihm war das Leben, und das Leben war das Licht der Menschen. (Joh. 1-4 SLT)

In dem Evangelium nach Matthäus wird deutlich, dass jedem Nachfolger Jesus eine göttliche Eigenschaft zu Teil wird. Denn Jesus selbst sagt ...

Ihr seid das Licht der Welt. Es mag die Stadt, die auf einem Berge liegt, nicht verborgen sein. (Mt. 5,14 SLT)

Während der neunten Plage in Ägypten verheißt Gott durch Mose ...

... dass eine solche Finsternis werde in Ägyptenland, dass man sie greifen kann. (Ex. 10,21 LUT)

Doch die Israeliten ...

... hatten alle hellen Tag in ihren Wohnsitzen. (Ex. 10,23 MENG)

Daraus können wir schließen, dass diejenigen, die Nachfolger Jesu sind, Sein Licht in sich tragen.

Denn ihr alle seid Kinder des Lichts und Kinder des Tages. Wir sind nicht von der Nacht noch von der Finsternis. (1. Thes. 5,5 LUT)

Und ...
... der Gerechten Pfad glänzt wie das Licht am Morgen, das immer heller leuchtet bis zum vollen Tag. (Spr. 4,18 LUT)

Den meisten Menschen beschleicht in der Dunkelheit ein ungutes Gefühl. Es handelt sich um die Angst, dass eine Bedrohung in den Schatten lauern könnte. Wie wohltuend ist dann ein Licht, welches die Umgebung erhellt.

Wenn es sich aber um ein Irrlicht handelt, verbirgt sich sogar in dem hellen Schein etwas Unheilvolles. In diesem Kapitel möchte ich einige künstliche Irrlichter aufdecken.

Hütet euch (aber) wohl, dass euer Herz sich nicht betören lässt und ihr nicht abfallt und anderen Göttern dient und sie anbetet! (Dtn. 11,16 MENG)

Anderen Göttern dienen, ist eine bewährte Ablenkung des satan, weil wir uns damit gegen Gottes Willen auflehnen. Es ist wichtig, unsere geistigen Antennen gegenüber Gott und seinen Warnungen in der einzig richtigen Weise auszurichten.
Dabei sind das genaue Lesen und Verinnerlichen von Gottes Wort unabdingbar, wenn wir Seinen Willen erkennen und tun wollen.

Die Warnungen Gottes bezüglich des Götzendienstes sind eindeutig und sehr ernst zu nehmen, denn sie auszuschlagen, stellt einen Verrat an dem einzig wahren Gott in Ewigkeit dar. Eine Zuwiderhandlung zieht die göttliche Strafe nach sich, die Gott bereits im Garten Eden zu Adam sprach. (Gen. 2,15-17)

Ein trügerisches Licht, welches schon seit mehr als zweitausend Jahren scheint, doch in letzter Zeit eine Renaissance erlebt, ist die Philosophie.
Sie gilt als besonders intelligente Wissenschaft, denn ein Philosoph strebt nach Antworten auf die grundlegenden Sinnfragen des Lebens, allen voran die Frage nach dem Sinn des Lebens und dem Verhältnis des Menschen zu seiner Umwelt.

Doch lassen Sie sich nicht von großen Namen und der komplizierten Dialektik beeindrucken. Die Philosophie folgt einem simplen Prinzip:
Es gibt eine These, die in einen Widerspruch, oder eine Antithese gebracht wird, dann wird eine kaum vorhandene Schnittmenge gesucht oder konstruiert. Daraus wird eine neue These erstellt, auf deren Grundlage ein anderer Philosoph eine weitere Antithese aufstellt und dialektisch diskutiert. Das wiederholt sich seit vielen Jahrhunderten und erzielt keine Antwort, vielmehr ist es ein Kreislauf von These und Antithese.
Stellen Sie sich die Philosophie als ein gläsernes Labyrinth vor. Mit jeder vermeintlich geglaubten Antwort läuft man gegen eine unsichtbare Wand, verwirft die vorher erlangte Wahrheit und erstellt eine neue These. Doch auch diese führt wieder gegen eine Wand und wird wieder verworfen. Dieses Verfahren reproduziert sich unaufhörlich seit Thales von Milet.

Der Sinn des Lebens ist ein zentrales Thema in der Philosophie, welches seit Jahrhunderten diskutiert wird. Verschiedene Philosophen und Denkschulen haben unterschiedliche Antworten und Perspektiven zu dieser Frage entwickelt.

Jünger Jesu brauchen keine Jahrhunderte, um den Sinn des Lebens zu erkennen. Sie schlagen die Bibel auf. Den Sinn des Lebens gibt die Bibel unter anderem im Buch der Prediger.

13 Lasst uns die Summe aller Lehre hören: Fürchte Gott und halte seine Gebote; denn das macht den ganzen Menschen aus. 14 Denn Gott wird jedes Werk vor ein Gericht bringen, samt allem Verborgenen, es sei gut oder böse. (Pred. 12,13-14 SLT)

In dem Brief an die Kolosser warnt der Apostel Paulus die Christen sehr eindringlich vor der der Philosophie.

Habt acht, dass euch niemand beraubt durch die Philosophie und leeren Betrug, gemäß der Überlieferung der Menschen, gemäß den Grundsätzen der Welt und nicht Christus gemäß. (Kol. 2,8 SLT)

Die Aufgabe eines jeden Menschen ist es, den Weg zurück zu Gott zu finden!

Dagegen verdrängt die Philosophie Gott vollständig und lehrt, den Menschen aus verschiedenen Perspektiven zu betrachten. Und dieser steht immer im Mittelpunkt. Philosophische Lehren bemessen sich an dem eigenen menschenerdachten Maßstab, der von zeitgenössischen Kulturen oder Werten geprägt ist, aber nicht nach dem ewigen Gesetz Gottes.

Was in der Philosophie an Gott vorbeiführt, kann man auch auf uns im persönlichen Leben projizieren.
Nach eigenen Maßstäben sich selbst oder andere zu beurteilen, führt zwangsläufig zu Problemen, die vermeidbar wären. Das gilt für diejenigen, die das große Ganze im Blick haben ebenso, wie für jeden Menschen in seinem eigenen Umfeld.

Daher ist es wichtig, seine Aktionen zu jeder Zeit im Gebet zu prüfen und Gott zu fragen, ob es Seinem Willen entspricht. Als guter Hinweis kann der einkehrende Frieden über eine bebetete Sache gelten.

Zudem ist es ratsam, sich nicht selbst aufzublasen. Das geschieht schleichend, oft unbeabsichtigt und unter dem Vorwand andere in Liebe korrigieren zu wollen.
Auch hier habe ich eine Erfahrung gemacht, die mir der Heilige Geist vor Augen führte.

Nachdem man über einen gewissen Zeitraum hinweg evangelisiert oder besonders fromm lebt, stellt sich ein gutes Gefühl ein und man denkt sich möglicherweise: *Jetzt bin ich ein guter Christ.*
Wenn man aber sündigt, kommt man sich wie ein Versager vor, sieht ausschließlich das Schlechte an sich und will sich am liebsten vor Gott verstecken.

Sie erkennen, dass diese Gegenüberstellung scharf formuliert ist. Welcher dieser Annahmen stellt einen eigenen Maßstab dar? Beide.
Denn sie sind beide aus Selbstgerechtigkeit und Stolz heraus gedacht. Sie sind das Resultat aus einer durch eigene Aktionen erworbenen Herzensfülle.

Warum? Weil es nicht darum geht, möglichst viel vor anderen zu brillieren, sondern eine dankbare Haltung vor Gott einzunehmen. Die eigene Aktion führt einen Christen nicht zu Gott hin, sondern entfernt ihn von dem rettenden Ziel der Gnade.
Genauso wenig geht es darum, sich selbst krampfhaft schlecht zu machen, sondern eine demütige Haltung vor Gott einzunehmen.
Was ist eine demütige Haltung gegenüber Gott? Das dankbare Annehmen Seiner göttlichen Wahrheit über uns. Sprechen wir die Wahrheiten Gottes über uns doch einmal aus. Ich kann aus eigener Erfahrung bezeugen, dass ich großen Segen empfing, als ich bewusst meine Haltung vor Gott veränderte und Seine Gedanken über mich annahm.

Nur so erkennt ein Christ den berühmten Balken in seinem eignen Auge. (Mt. 7,3) Folglich übt ein Christ weit weniger Kritik an anderen, vielmehr stellt man sich selbst neu in das Licht Jesu.

In der Szene aus dem Evangelium des Johannes, Kapitel 8, in der die Ehebrecherin von der aufgebrachten Menge regelrecht vorgeführt wird, um Jesus in ein theologisches Dilemma zu führen, reagiert Jesus anders als erwartet.

Als sie ihn nun beharrlich so fragten, richtete er sich auf und sprach zu ihnen: Wer unter euch ohne Sünde ist, der werfe den ersten Stein auf sie. (Joh. 8,7 LUT)

Vermutlich sehen auch manche Christen heute mehr Fehler an anderen als an sich selbst. Lassen Sie uns unseren eingeschlagenen Glaubensweg vor Gott prüfen und gegebenenfalls korrigieren. In Kapitel 13 führe ich einige Wahrheiten Gottes über Seine geliebten Kinder auf.

Eine Möglichkeit, sich neu in Jesus zu positionieren könnte das Ändern der eigenen Glaubensroutine sein.
In diesem Zusammenhang führte mir der Heilige Geist das Gleichnis aus dem Lukas Evangelium, Kapitel 18 vor Augen. Ein Oberster hält sich seit seiner Jugend an alle Gebote aus dem mosaischen Gesetz und merkt, dass ihm etwas fehlt. In seinem Herzen ist eine Leere, die das alleinige Halten des Gesetzes nicht ausfüllt und er fragt Jesus, was er noch mehr tun müsse, um das ewige Leben zu erhalten. Jesus spricht zu ihm:

20 Du kennst die Gebote: »Du sollst nicht ehebrechen! Du sollst nicht töten! Du sollst nicht stehlen! Du sollst nicht falsches Zeugnis reden! Du sollst deinen Vater und deine Mutter ehren!« 21 Er aber sprach: Das alles habe ich gehalten. 22 Als Jesus das hörte, sprach er zu ihm: Es fehlt dir noch eines. Verkaufe alles, was du hast, und gib's den Armen, so wirst du einen Schatz im Himmel haben, und komm und folge mir nach!

Der Oberste ist überrascht, vielleicht sogar erschüttert, als Jesus von ihm fordert, alles zu verkaufen. Es ist nur Spekulation, aber die Verheißung des Schatzes im Himmel hat er entweder nicht hören, oder nicht glauben können.

Jesus spricht weiter, diesmal zu seinen Jüngern:

25 Und wiederum sage ich euch: Es ist leichter, dass ein Kamel durch ein Nadelöhr geht, als dass ein Reicher in das Reich Gottes hineinkommt! (SLT)

Viele Bibelausleger sind sich einig, dass es sich hier allein um finanziellen Reichtum handele. Aber wir wissen, Gottes Wort ist tiefer und höher, breiter und länger als alles, was wir uns vorstellen können. Sein Wort ist größer als unser Verstand.

Denn meine Gedanken sind nicht eure Gedanken, und eure Wege sind nicht meine Wege, spricht der HERR. (Jes. 55,8 SLT)

Also geben wir ihm die Ehre und denken über den bekannten Tellerrand hinaus.
Lesen wir dieses Gleichnis vor dem Hintergrund unserer eigenen Unzulänglichkeiten.
Am schwersten fällt es den meisten Menschen, sich selbst zu vergeben.
Das ist oftmals nicht in bewusst böser Absicht, man kann sich nur nicht vorstellen, dass Jesus diese eine Sache wirklich vergeben hat.
Unsere Seele kreist beim Betrachten der eigenen Fehler um sich selbst und befindet sich in einer Nabelschau.
Vorsicht, sie ahnen es, dabei handelt es sich ebenfalls um eine Strategie des satan.
Wenn wir auf uns schauen, also nach unten in die Welt, können wir nicht gleichzeitig nach oben, in den Himmel, zum Thron der Gnade blicken.
Stellen Sie sich vor, Sie wollen vorwärtsgehen, aber schwere Eisenringe an ihren Füßen halten Sie an derselben Stelle. Dann werden Sie aktiv von bösen Mächten am Vorwärtsgehen in Ihrem Glaubenslauf gehindert.
Schütteln sie diese im Gebet ab und gehen weiter! Verharren Sie bitte nicht im Status Quo!

Sich selbst zu vergeben ist eine der schwersten Aufgaben, aber auch eine sehr wichtige, denn Jesus hat jedem wiedergeborenen Christen ALLES vergeben. Wenn wir an unserer Schuld festhalten

und uns selbst nicht vergeben, besteht die Gefahr gegen Gott zu rebellieren.
Warum? Wenn wir uns selbst nicht vergeben, dann sind wir uns selbst der größte Götze.

Die Reichheit in diesem Gleichnis verstehe ich als das alte gottlose Leben, das jeder Mensch vor der Rettung durch Jesus führte. Die Bibel spricht auch von dem alten Adam, also dem alten Menschen.

Der Oberste fragt, was er noch mehr machen solle. Die Antwort Jesus ist; nicht noch mehr machen, sondern alles loslassen.
Die Aufforderung Jesus in dem Gleichnis gilt uns allen. Lassen wir alles los, dass uns von der Herrlichkeit Jesu ablenkt. Denn, die Krone des Lebens empfängt allein der Christ, der Jesu an Herz gewachsen ist und den Er kennt.

Bedenken Sie bitte, in meiner Auslegung facettiere ich dieses Gleichnis lediglich in Ergänzung zu anderen.
Bei meiner Betrachtungsweise darf kein Christ vergessen, dass der mammon ein hochrangiger dämon ist, der diese Welt fest im Griff hat. Jeder Mensch ist auf Geld angewiesen, um zu leben. Das weiß Jesus, aber die Gefahr lauert immer dann, wenn man es abgeben soll. Dann befällt manchen Christen eine spontane, schwere Krankheit. Das Talerstechen.
Doch, wie gut und gerecht ist Gott, dass er die Abgabe bei jedem Christen gleichwertig gestaltet hat. Der Zehnte ist in der jeweiligen Höhe unterschiedlich, in seiner Wertigkeit jedoch derselbe.

Wenn wir uns nicht sicher sind, ob wir einem Götzen folgen, dann sollten wir mit Hilfe von Gottes Wort und Gebeten herausfinden, ob wir im Lichtkegel einer Laterne stehen.

Eine Möglichkeit, um herauszufinden, ob wir den Willen des Vaters tun, ist die Motivation zu prüfen.
Tue ich das für Gott oder für mich?

Wenn ein Christ vor anderen besonders hingebungsvoll betet, sieht das auf den ersten Blick sehr engagiert aus, aber betet jener nur, um Beifall zu erhaschen, dient er seinem Ego und nicht Gott. Das stellt ein Götze dar.

Als Beispiel für meine Betrachtungsweise lasse ich Sie an einem ökumenischen Gebetsabend teilhaben. Die dort anwesenden Christen waren freundlich und agierten beflissen, aber sie verharrten in ihrer eigenen Herzensfülle.
Sie lasen Passagen aus Legenden und verteilten unter den Anwesenden Gebete für den Erzengel Michael und Maria. Die anderen nahmen die Texte an und beteten laut, um nicht negativ aufzufallen, und unterstützten den Abend in vollem Umfang.
Niemand verstand, warum ich aufbegehrte. Eine katholische Christin antwortete: „So drücken wir unseren Glauben zu Gott aus."
Weiterhin erklärte sie mir, dass man Gott nicht in Frage stellen würde, lediglich wolle man zur Sicherheit noch die Mutter Gottes und mächtige Engel dazu bitten.

Sie glauben wirklich, dass sie Gott gefallen. Doch in Wahrheit scheuen sie eine persönliche Beziehung mit Gott. Eine Wiedergeburt aus Wasser und Geist ist nicht vorhanden und eine Bereitschaft zur Umkehr oder gar Buße ebenso nicht.
Wenn Christen auf ihrem festgefahrenen Standpunkt verharren, mit der Begründung, *weil man das schon immer so mache*, verweigern sie sich Gott.

Abgesehen davon warnt die Bibel in der Offenbarung eindrücklich davor Engel anzubeten. Johannes sieht den Himmel und die zukünftige Zeit und fällt einem Engel zu Füßen, um ihn anzubeten. Johannes schreibt ...

Und ich fiel zu seinen Füßen nieder, ihn anzubeten. Und er spricht zu mir: Siehe zu, ⟨tu es⟩ nicht! Ich bin dein Mitknecht und der deiner Brüder, die das Zeugnis Jesu haben. Bete Gott an! Denn das Zeugnis Jesu ist der Geist der Weissagung. (Off. 19,10 MENG)

Zudem hat Gott keine Mutter! Erlauben Sie mir diesen kurzen Einwand. Der Terminus ist völlig dämonisch. Der Verfasser des Hebräerbriefs schreibt dem Priester Melchisedek Eigenschaften Gottes zu. So beschreibt er ihn als König von Salem, ein Verweis auf Jerusalem und Priester in Ewigkeit. Zudem gibt Abraham seinen Zehnten an Melchisedek ab. Also, für mich ist Melchisedek Jesus.

Er ist ohne Vater, ohne Mutter, ohne Geschlechtsregister und hat weder Anfang der Tage noch Ende des Lebens; und als einer, der dem Sohn Gottes verglichen ist, bleibt er Priester für immer. (Hebr. 7,3 SLT)
Jesus ist Gott und kein geschaffenes Geschöpf!

Eine weitere Möglichkeit, eigene Götzen zu entlarven, ist die Frage, ob ein Christ die Geduld aufbringt, diese eine Sache für Gott zu tun und Ihm auch dann noch vertraut, wenn das Ergebnis nicht so schnell eintritt, wie erhofft. Auch diese Frage legt die Motivation offen.

König Saul ist ein ungeduldiger Mann. In Samuel 13 erhält er von dem Propheten Samuel den Auftrag, sieben Tage lang auf ihn zu warten, um anschließend dem Gott Israels ein Brand– und Schlachtopfer dazubringen. Samuel verspätet sich und Saul befiehlt selbst die mitgeführten Tiere zu opfern. Samuel erscheint und ist erbost.

Und Samuel sprach: Was hast du getan! (1.Sam. 13,11 ELB)

Saul erklärt ihm seine Menschenfurcht und hielt die Opferung für legitim, doch Samuel antwortet ...

Du hast töricht gehandelt! Du hast das Gebot des HERRN, deines Gottes, nicht gehalten, dass er dir geboten hat. Denn gerade jetzt hätte der HERR dein Königtum über Israel für immer bestätigt; (1.Sam. 13,14 ELB)

JHWH verwirft Saul und der Hirte David wird als Herrscher über Israel ausgesucht, ein Mann nach Gottes Gefallen.
Dies zeigt, dass Gott diejenigen auswählt, die Seinem Herzen nahe sind und bereit sind, Seinen Willen zu erfüllen.
Wenn ein Christ am Wochenende in der Innenstadt evangelisiert, entspricht das dem Auftrag Gottes aus Markus, Kapitel 16, Vers 15.

Und er sprach zu ihnen: Geht hin in die ganze Welt und predigt das Evangelium der ganzen Schöpfung! (ELB)

Aber es gibt Christen, die im Anschluss der Gespräche den Erfolg vor anderen ausbreiten, und nicht selten schwingt Selbstzufriedenheit mit.

Natürlich ist es ein wunderschönes Gefühl, wenn man mit Menschen über Jesus spricht und nicht abgewiesen wird. Die Frage ist doch aber: Machen wir das aus Liebe und Dankbarkeit zu unserem Schöpfer und Retter in Jesus Christus heraus und legen das Gesagte in Gottes Hand in der Hoffnung, dass der gesetzte Same im Herzen des Menschen aufgeht? Oder ist man gegebenenfalls enttäuscht, wenn kein sofortiger und messbarer Erfolg zu sehen ist?

Der Psalmist gibt seine aktionsmotivierte Herzensfülle auf und formuliert seine Motivation so ...
Ich aber will immer harren und will immer deines Ruhmes mehr machen. (Ps. 71,14)
Einige Seiten zuvor in diesem Kapitel schrieb ich über das Licht in den Hütten der Israeliten. Alle anderen, die nicht in einer der Hütten sitzen, gleichen jenen Menschen, deren Weg ...

... aber ist wie das Dunkel; sie wissen nicht, wodurch sie zu Fall kommen werden. (Spr. 4,19 ELB)

So seid nun geduldig, liebe Brüder, bis auf die Zukunft des HERRN! Siehe, ein Ackermann wartet auf die köstliche Frucht der Erde und ist geduldig darüber, bis dass er empfange den Morgenregen und Abendregen. Seid ihr auch geduldig und stärket eure Herzen; denn die Zukunft des HERRN ist nahe. (Jak. 5,7-8 ELB)

Selig ist der Mann, der die Anfechtung erduldet; denn nachdem er bewähret ist, wird er die Krone des Lebens empfangen, welche Gott verheißen hat denen, die ihn liebhaben. (Jak. 1,12)

An einem Sommertag im Juli 2024 saß ich im Gartenstuhl, als eine Biene auf meiner Armlehne landete. Ich beobachtete ihr struppiges Aussehen und tröpfelte einen Wassertropfen vor sie, aber sie verweigerte. Da erkannte ich, dass sie gekommen war, um neben mir zu sterben. Mir wurde einmal mehr bewusst, wie kurzweilig er Weg eines jeden Nachfolgers Jesu ist. Mit einem Mal ist der letzte Atemzug getan und der letzte Herzschlag geschlagen. Dann gilt es einen gottgefälligen Lebenswandel vorzuweisen.

Bitte schauen Sie an jedem künstlichen Licht, welches auf Ihrem Glaubensweg erscheint, vorbei und allein auf den Maßstab Jesu.

Und das ist die Botschaft, die wir von ihm gehört haben und euch verkündigen, dass Gott Licht ist und in ihm gar keine Finsternis ist. (1.Joh. 1,5 SLT)

Aktivität und Passivität

Als ich meinen Lehrgang zum kreativen Schreiben begann, schickte mir die Kursleiterin alle Unterlagen zu, die für die jeweiligen Lektionen erforderlich waren. Ich freute mich und war für einen Moment versucht, mich auf ihren Lektionen auszuruhen. Hielt ich doch das Ergebnis ihrer jahrelangen Erfahrung in meinen Händen und brauchte nur nachzuschauen, um selbst einen Roman zu kreieren. Selbstbewusst schrieb ich den ersten Text ihrer Hausaufgabe und sandte ihn ihr zu. Am Folgetag erreichte mich ihre Antwort und ich sah buchstäblich rot. Allein auf der ersten Seite fügte sie über vierzig Kommentare ein.

Daran erkennen wir, dass das alleinige Lesen ihrer Lektionen nicht den gewünschten Erfolg brachte, ich benötigte Praxis. Lesen Christen die Bibel, haben sie ein gutes Rüstzeug. Aber ohne eine praktische Anwendung und ohne Gebet bleibt das heilige Wort Gottes verschlossen und man weiß nicht, was zu tun ist. Gott selbst öffnet uns Sein Wort.

Wir müssen aktiv-passiv sein. Vielleicht denken Sie, dass ich mir mit dieser augenscheinlich widersprüchlichen Aussage einen Spaß erlaube, doch seien Sie gewiss; das ist mein Ernst.

Um aufzuzeigen, wie Christen aktiv-passiv im Glauben sein können, geht es in diesem Kapitel ebenso um unseren Geist, die Seele und den Körper.

Vielleicht fühlen Sie sich in Ihre Schulzeit zurückversetzt, da ich erneut ein Kapitel über Begriffserklärungen einflechte. Doch bitte erlauben Sie mir dies, denn meiner Erfahrung nach kennen die meisten Menschen die Ausdrücke sehr wohl, aber sie werden leider oft unterschiedslos verwendet. Deshalb möchte ich sie biblisch anreißen und mit eigenen Erlebnissen beschreiben.

Unsere Seele ist nicht unser Geist und unser Geist ist nicht der Heilige Geist.

Ein hilfreiches Buch, welches detailliert beschreibt wie genau, Geist, Körper und Seele zusammenspielen und worin die Unterschiede zwischen dem fleischlichen Christen im Gegensatz zum geistlichen zu finden sind, ist *Der geistliche Christ* von Watchman Nee.

Die Reihenfolge der Begriffe steht in der Reihenfolge ihrer Wertigkeit. Das bedeutet, der Geist ist der vornehmste und edelste Teil, denn er kommuniziert mit Gott, wenn ein durch Geist und Wasser geborener Christ diesen kennenlernt.

12 Wir aber haben nicht empfangen den Geist der Welt, sondern den Geist aus Gott, damit wir wissen, was uns von Gott geschenkt ist. 13 Und davon reden wir auch nicht mit Worten, welche menschliche Weisheit lehren kann, sondern mit Worten, die der Geist lehrt, und deuten geistliche Dinge für geistliche Menschen. (1.Kor. 2,12-13 LUT)

Im Moment der Wiedergeburt sind wir neu. Das heißt, aus einem natürlichen Menschen wird ein geistlicher Christ. Damit wird ein Mensch zu einer neuen Schöpfung. Der Apostel Paulus schreibt in seinem zweiten Brief an die Christen in Korinth in Kapitel 5 diesen Vers.

17 Darum: Ist jemand in Christus, so ist er eine neue Kreatur; das Alte ist vergangen, siehe, Neues ist geworden. (2.Kor. 5,17 LUT)

Der Heilige Geist in einem Christen bezeugt uns, dass wir zu Gott gehören, und erwartet von jedem Jünger fortan nicht mehr den seelischen Begierden oder dem eigenen Ego zu dienen, sondern für Den zu leben, Der für uns gestorben ist.

Diese Wahrheit ist so groß, dass der menschliche Verstand diese nicht begreifen kann. Aus diesem Grund greift der feind auch unseren Verstand, der auf unserer Seele beheimatet ist, an. Er blockiert uns mit Eitelkeiten und Lügen, deshalb muss ihm mit der Wahrheit – dem Schwert aus der Waffenrüstung – entgegengetreten werden.
Unsere gottlose Vergangenheit ist voller Ereignisse, in denen wir gegen Gott rebellierten, und diese werden vom satan genutzt, um uns in finsternis gefangen zu halten. Unerwartet und aus dem Nichts beginnt sich der Brummkreisel erneut zu drehen.

Wir können unsere Vergangenheit nicht ändern, was geschehen ist, ist geschehen. Daher ist das Loslassen so ungeheuer wichtig, denn wenn wir nicht loslassen, hält uns der satan in unserer Vergangenheit gefangen. Wir sehen das Licht Gottes nicht mehr, eine Mauer aus Eitelkeiten und Schuld versperrt uns die Sicht und wir sind nicht imstande, in der Gnade Gottes unseren Glaubenslauf, voranzugehen.
Wenn wir nicht aufmerksam sind und dem feind Raum in uns geben, besteht die Gefahr, wieder fleischlich zu werden.

Ich möchte Ihnen eine Vision erzählen.

Kürzlich spielte sich in meinem Kopf eine unschöne Szene ab. Ich sah mich als Kind, wie ich zu einer Freundin so lange Gemeinheiten sagte, bis sie weinte.

Es gelang mir nicht, die Erinnerung abzuschütteln; je mehr ich mich bemühte, umso öfter dachte ich daran. In der Nacht baute sich die Szene erneut auf, doch diesmal war sie anders. Ich stand mittendrin. Ich ging zu meiner Freundin, umarmte sie und entschuldigte mich. Ich sagte, dass ich sie in die Arme Jesu geben würde, weil dass das Beste sei, was ich tun könne.

Danach drehte ich mich zu mir um, umarmte mich und sagte: „Du wusstest es nicht besser. Aber jetzt lasse ich dich los.“

Meine Freundin und mein kindliches Ich lächelten mich an und die Szene schwebte in die Ferne.

Ich folgte der Szene mit meinem Blick und sah, wie sie in einem riesigen Kreuz aufgesogen wurde.

Ich fühlte mich unendlich erleichtert.

Verstehen Sie, Jesus hat am Kreuz von Golgatha unsere Sünden nicht nur abgewaschen, was schon eine unbeschreiblich große Gnade ist; Er hat unsere Sünde vollständig in sich aufgenommen.

Jesus hat uns vergeben, also tun wir es auch und lassen unsere Vergangenheit aktiv los und geben sie Ihm. Das hat nichts mit Ignoranz gegenüber sich selbst oder anderen zu tun. Das bewusste Loslassen von sündhaften Erinnerungen befreit uns von schmerz-

haften und lähmenden Erinnerungen, die einem Menschen unter Umständen in schwere Schuldgefühle treiben können.
Wir dürfen, ja sollen sogar, alles loslassen, denn das sind unter anderem die Dornen aus dem Gleichnis des Sämanns aus Matthäus 13. Wer nun Angst vor Verlust hat, täuscht sich, denn dafür gibt Jesus uns den Heiligen Geist und Erneuerung durch sich selbst. Denn ...

... neues Leben gibt er mir. Er leitet mich auf Pfaden der Gerechtigkeit um seines Namens willen. (Ps. 23,3 ZB)

Die Elberfelder übersetzt den Vers etwas anders, so kennen ihn wohl die meisten.

Er erquickt meine Seele.

Es ist unmöglich, zwei Dinge in einer Hand zu halten, daher will ich das mit einem einfachen Beispiel erläutern.
Ich erinnere mich, wie mich meine Mutter als Kind im Straßenverkehr an der einen Hand führte und in der anderen trug sie eine Einkaufstüte. Wir wechselten die Straßenseite und sie tauschte mich und die Tasche in die jeweils andere Hand. Tasche und mich in derselben Hand festhalten ging nicht.

So ist es auch im geistlichen. Wir können nicht gleichzeitig Altes und Neues festhalten, also das Vergangene und Jesus.

Dieser vollkommene Austausch ist es, der uns gerecht macht. Das ist die Gerechtigkeit Gottes.
Gott macht uns gerecht, indem Er selbst zum Fluch wurde und jeden, der an Ihn glaubt freispricht und ewiges Leben gibt.

Mir fehlen die Worte, wenn ich darüber nachdenke. Das ist sensationell und wird von dem Apostel Paulus in seinem Brief an die Galater so beschrieben:

Christus aber hat uns losgekauft von dem Fluch des Gesetzes, da er zum Fluch wurde für uns – denn es steht geschrieben: »Verflucht ist jeder, der am Holz hängt« – auf dass der Segen Abrahams zu den Heiden komme durch Christus Jesus und wir den verheißenen Geist empfingen durch den Glauben. (Gal. 3,13-14 LUT)

Dies ist das wunderbare göttliche Geschenk eines wiedergegebenen Christen, denn bei einem natürlichen Menschen ist der Geist von Gott getrennt, denn ...

... Der natürliche Mensch aber nimmt nicht an, was vom Geist Gottes ist; es ist ihm eine Torheit und er kann es nicht erkennen; denn es muss geistlich beurteilt werden. (1.Kor. 2,14 LUT)

Der natürliche Mensch kann ... nicht das Reich Gottes sehen (Joh. 3,3), ... nicht ins Reich Gottes eingehen (Joh. 3,5), und ...

... die aber fleischlich sind, können Gott nicht gefallen. (Röm. 8,8 LUT).

Gott widersteht dem Fleisch und der Ausdruck Fleisch wird in der Bibel nicht nur für den Körper, sondern auch für die Seele gebraucht. Da der Körper nicht in den Himmel eingeht, sondern in die Erde zurückbleibt, aus der er genommen wurde, beziehe ich mich auf die Seele.

Die Seele ist das Bindeglied zwischen Geist und Körper, auf ihr liegt unsere Persönlichkeit, also der Charakter, Wille, Verstand und Gefühl.
Sie ist oft Angriffsfeld des satan, denn auch unsere Wünsche, Gelüste und Begierden sind in der Seele verankert. Vor der Wiedergeburt hatte die Seele die Macht über den Körper. Nach der Wiedergeburt sollte ein Christ der Seele durch den Geist Grenzen setzen und sie nicht mehr vorbehaltlos gewähren lassen. Auf der anderen Seite muss sie dem Geist die Erlaubnis geben, zu herrschen.
Der Geist kann nicht direkt auf den Körper einwirken, sondern muss über die Seele agieren.
Deshalb schreibt Paulus in seinem Brief an die Römer ...

denn das Gute, das ich will, übe ich nicht aus, sondern das Böse, das ich nicht will, das tue ich. (Röm. 7,19 ELB)

Missverstehen Sie den Vers bitte nicht als Ausrede zum sündigen, weil man sich eh nicht wehren kann, sondern nehmen wir ihn als eine Lektion an. Er soll uns lehren unseren Geist über unsere Seele zu stellen. Damit wir geistliche Christen werden beziehungsweise bleiben und in unserem Geist mit dem Heiligen Geist kommunizieren können.
Das erfordert etwas Übung und klingt erneut abstrakt, doch es funktioniert. Sie und Gott, ohne einen menschlichen Mittler zwischen Ihnen beiden. Ein Vorschlag: Einfach mal machen.

Der Körper ist der Bestandteil, der in der Welt ist, sie berührt, in ihr lebt und alle Versuchungen sieht, hört und ihnen täglich ausgesetzt ist. Der Körper eines jeden Christen ist der Tempel Gottes nach der Wiedergeburt.

Machen wir uns bewusst, dass die Himmel und die Erde durch den Willen Gottes und wenigen Worten geschaffen wurden. Adam jedoch wurde aus der Erde mit den Händen Gottes gebildet. Der Körper eines Menschen ist folglich sehr besonders.

7 Da bildete Gott der Herr den Menschen, Staub von der Erde, und blies den Odem des Lebens in seine Nase, und so wurde der Mensch eine lebendige Seele. (Gen. 1,7 SLT)

Ebenfalls im Römerbrief schreibt Paulus ...

Ich ermahne euch nun, Brüder, durch die Erbarmungen Gottes, eure Leiber darzustellen als ein lebendiges, heiliges, Gott wohlgefälliges Opfer, was euer vernünftiger Gottesdienst ist. (Röm. 12,1 ELB)

Die Spannung liegt darin, dass der lebendige Geist eines Christen mit Gott in Verbindung stehen möchte, die Seele sich aber an die Welt um uns herum orientiert und unser Körper das vollbringt, was entweder die Seele oder der Geist verlangt.

Bedenken wir an dieser Stelle, dass der Geist eines gottlosen Menschen, also eines Menschen, der ohne Gott lebt, tot ist und erst mit der Wiedergeburt lebendig wird. Das bedeutet, dass er erst mit der Wiedergeburt zu einem Christen verwandelt wird, in den geistiges Leben eigehaucht wird. Und wer wird in der Bibel unter anderem als Hauch beschrieben? Der Heilige Geist.

In der Bibel wird im Alten Testament der Heilige Geist oft als *Ruach* bezeichnet, was hebräisch für Wind oder Geist ist. Im Neuen Testament wird der Begriff *Pneuma* gewählt und bedeutet Atem oder

Geist. Diese Ausdrücke beschreiben das unsichtbare und göttliche Wirken des Heiligen Geistes.

Die hauptsächliche Frage, die sich jeder Nachfolger Jesu immer wieder stellen sollte, ist: Wer wirkt auf mich ein?
Es gibt Merkmale, an denen ein Jünger, aber auch ein Christ erkennen kann, wer auf ihn einwirkt.

Gott möchte unsere aktive Mitarbeit, das bedeutet, dass ein Christ aktiv seinen Willen dem Willen Gottes anbefiehlt. Folglich durchströmt der Geist der Freiheit einen Christen und daraus resultieren göttliche Freude, Wachstum im Glauben, Vollmacht über böse Geister, Erneuerung beziehungsweise Erquickung des Herzens und der Seele sowie Kraft.

satan dagegen will jeden Menschen dominieren und manipulieren. seine Strategie sind Lügen und Halbwahrheiten, die das Ohr kraulen und einen Christen passiv werden lassen.
Erinnern Sie sich an Kapitel 3, wie ich der Menschenlehre lieber zuhörte, als das Wort Gottes zu lesen? Ich schrieb, ich wäre beinahe ein gottloser Christ geworden.
Das geschieht, wenn man sich lähmen lässt. Ein glühender Anhänger Gottes wird lau, weil er passiv geworden ist.
Passivität zerstört die Persönlichkeit und macht zu einer Marionette des satan.
Das ist das Gegenteil von Kraft und Freiheit! Das ist Zwang!

Merken Sie, wie wichtig es ist, das Feuer des Heiligen Geistes am Brennen zu halten? Um eine Kerzenflamme zu löschen, stülpe ich einen Kerzenlöscher über die Flamme und warte, bis die Flamme erstickt ist.

Das macht satan auch und dafür er will uns permanent manipulieren, aber er kann unseren Willen nicht brechen, wenn wir aufmerksam sind.

Seid nüchtern, seid wachsam! Euer Widersacher, der teufel, geht um wie ein brüllender Löwe und sucht, wen er verschlinge. (1.Petr. 5,8 ZB)

Unterschätzen wir satan auf der einen Seite nicht, huldigen ihm aber auf der anderen auch nicht. Meiden wir seine Fallen, indem wir auf Jesus schauen, das Wort kennen und anwenden.

Deshalb ist es unabdingbar, die Entscheidung zu Gott in Jesus aktiv immer wieder zu erneuern. Aus diesem Grund halte ich nichts von der Rechtfertigungslehre oder der pauschalen Antwort, dass das Heil bleibt, egal was geschieht. Ich frage mich, warum manche Theologen die Ansicht verbreiten, dass mit der Wiedergeburt alles schick sei. Sie ist der Beginn eines mitunter kräftezehrenden Glaubenslaufes. Nicht umsonst beschreibt ihn Paulus als Wettkampf. Und nicht als entspannten Spaziergang.

Wenn wir unsere aktive Entscheidung der Bekehrung nicht immerwährend erneuern, werden Jünger lau.

Keine aktive Entscheidung ist nämlich auch eine. Das kennen wir aus dem natürlichen Leben. Wenn man sich zu keiner aktiven Entscheidung durchringen kann, dann lässt man es und hat passiv damit auch eine getroffen. Aus Erfahrung wird wohl jeder bestätigen, dass es sich oftmals um die ungünstigere handelt.
Nutzen wir unseren Willen!

Wie geht das?
Ich verwende erneut das Beispiel meines Schreibkurses: Das alleinige Lesen der Lektionen brachte mich nicht weiter, ich brauchte Praxis.
Im Übrigen gilt das für jedes Handwerk; oder haben Sie schon einmal versucht, aus der Theorie heraus einen Sattel zu stopfen oder ein Dach zu zimmern? Christ oder Jünger sein ist ebenfalls ein Handwerk und Jesus, der Gesalbte Gottes, ist unser Lehrer.
Aber es reicht nicht, nur die Bibel zu lesen; wir müssen uns ihr öffnen und sie anwenden.

Judas Iskariot, der Jesus um den Preis eines toten Sklaven, nämlich dreißig Silberlinge, an die Hohepriester verkaufte, hörte Gott dem Sohn zu, ging drei Jahre lang mit Ihm, sah Seine Wunder und doch war der satan in seinem Herzen.

14 Dann ging einer von den Zwölfen, Judas Iskariot mit Namen, zu den Hohen Priestern 15 und sprach: Was wollt ihr mir geben, und ich werde ihn euch überliefern? Sie aber setzten ihm dreißig Silberlinge fest. (Mt. 26,14-15 ELB)

Um aktiv-passiv zu glauben, ist es notwendig, Gott in allen Dingen zu fragen, Ihn als Maßstab zu nehmen und auf Ihn zu blicken. Je aktiver wir das tun, desto motivierter glauben wir und können göttliche Weisungen im Geist von dem seelischen Verlangen unterscheiden.

Allein aktiv zu sein bringt uns in eine aktionsmotivierte Herzensfülle und stellt einen Götzen dar. Reine Passivität macht uns zur willenlosen Marionette des feindes.

Jeder Jünger sollte, nein, muss, seinen Geist dem Geist Gottes unterstellen. Seinen Sie ein Gefäß, ein Kanal oder ein Schlauch, durch den der Heilige Geist fließen kann.

Isaak grub verstopfte Brunnen auf. Dieses biblische Bild finde ich sehr passend für dieses Kapitel, denn wenn das Herz eines Christen voll ist, drängt es den Heiligen Geist hinaus.

Gleichermaßen wird man in einem verstopften Brunnen kein Wasser finden. Unsere Aktivität sollte darin bestehen, jeden Tag zu Jesus zu beten, unsere Brunnen von Einflüssen des satan freizuhalten, und falls er doch verstopft wäre, dann um Erkenntnis zu bitten, was wir ändern müssen, damit das Lebendige Wasser, also der Heilige Geist, alles in uns ausfüllt.

Die Verse über Brunnen im Alten Testament, die sich auf Isaak beziehen, sind kraftvoll, deshalb führe ich hier einige auf.

Nun hatten sie aber alle Brunnen verstopft, die seines Vaters Knechte gegraben hatten zur Zeit Abrahams, seines Vaters, und hatten sie mit Erde gefüllt. (Gen. 26,15 LUT)

Auch gruben Isaaks Knechte im Tal und fanden dort einen Brunnen lebendigen Wassers. (Gen. 26,19 SLT)

Da zog er weiter und grub noch einen anderen Brunnen. Darüber zankten sie sich nicht, darum nannte er ihn »Weiter Raum« und sprach: Nun hat uns der HERR Raum gemacht und wir können wachsen im Lande. (Gen. 26,22 LUT)

Dann baute er dort einen Altar und rief den Namen des HERRN an und schlug dort sein Zelt auf und seine Knechte gruben dort einen Brunnen. (Gen. 26,25 LUT)

Am selben Tage kamen Isaaks Knechte und sagten ihm von dem Brunnen, den sie gegraben hatten, und sprachen zu ihm: Wir haben Wasser gefunden. (Gen. 26,32 LUT)

Zweifelsfrei ist der Brunnen ein tiefes biblisches Bild, denn Jesaja verbindet den Brunnen mit dem Heil. Wer schenkt uns als Einziger das Heil? Jesus!

Ihr werdet mit Freuden Wasser schöpfen aus den Brunnen des Heils. (Jes. 12,3 LUT)

Auch in den Sprüchen König Salomos finden wir eindringliche Verse über Brunnen.

Des Gerechten Mund ist ein Brunnen des Lebens; aber der Mund der Frevler deckt Gewalttat. (Spr. 10,11 LUT)

Klugheit ist ein Brunnen des Lebens dem, der sie hat; aber die Strafe der Toren ist ihre Torheit. (Spr. 16,22 LUT)

Besonders hervorzuheben ist, dass Jesus im Neuen Testament das Bild des Brunnens noch intensiviert, denn Er offenbart sich einer Samariterin an Jakobs Brunnen als Gott den Sohn.
Diese Szene ist voller Bedeutung für uns, deshalb lesen wir sie gemeinsam aus dem Johannes Evangelium Kapitel 4 in einem längeren Stück, damit wir verstehen, was der Brunnen für Sie und mich bedeutet.

9 Nun spricht die samaritische Frau zu ihm: Wie erbittest du als ein Jude von mir etwas zu trinken, da ich doch eine samaritische Frau bin? (Denn die Juden haben keinen Umgang mit den Samaritern.)

10 Jesus antwortete und sprach zu ihr: Wenn du die Gabe Gottes erkennen würdest und wer der ist, der zu dir spricht: Gib mir zu trinken!, so würdest du ihn bitten, und er gäbe dir lebendiges Wasser.

11 Die Frau spricht zu ihm: Herr, du hast ja keinen Eimer, und der Brunnen ist tief; woher hast du denn das lebendige Wasser?

12 Bist du größer als unser Vater Jakob, der uns den Brunnen gegeben und selbst daraus getrunken hat, samt seinen Söhnen und seinem Vieh?

13 Jesus antwortete und sprach zu ihr: Jeden, der von diesem Wasser trinkt, wird wieder dürsten.

14 Wer aber von dem Wasser trinkt, das ich ihm geben werde, den wird in Ewigkeit nicht dürsten, sondern das Wasser, das ich ihm geben werde, wird in ihm zu einer Quelle von Wasser werden, das bis ins ewige Leben quillt.

15 Die Frau spricht zu ihm: Herr, gib mir dieses Wasser, damit ich nicht dürste und nicht hierherkommen muss, um zu schöpfen!

Daraus erkennen wir, dass Jesus der Brunnen und das Lebendige Wasser der Heilige Geist ist, denn ...

Gott ist Geist, und die ihn anbeten, müssen ihn im Geist und in der Wahrheit anbeten. (Joh. 4,24 SLT)

Lassen Sie mich noch einmal wiederholen: Wenn wir im Gebet unseren Geist aktiv dem Heiligen Geist unterwerfen und uns Gott hinwenden, beten wir Seinen Willen. Gleichzeitig merken wir, wie

Kraft und Freude uns durchströmen, und wir eben nichts aus eigener Motivation heraus erzeugen.

Nur so sind wir aktiv-passiv.

Ich möchte Sie ermutigen, sich vollständig dem Heiligen Geist anzuvertrauen. Hier wähle ich bewusst einen positiv belegten Ausdruck, um Ihnen die Angst zu nehmen, etwas zu Ihrem Nachteil zu tun.

Unterwerfen oder *anbefehlen* hat in unserem Sprachgebrauch eine negative Bedeutung. Niemand will sich beherrschen lassen, weil das oft nachteilige Auswirkungen für einen hat. Als Schutzmechanismus folgt der Wunsch, lieber alles unter Kontrolle haben zu wollen. Was im natürlichen Leben nachvollziehbar ist, stellt im Glaubensleben jedoch eine Lüge des satan dar. Wie so viele andere Begriffe der Bibel, sind auch hier nur Worthülsen übrig. *Beherrschen* oder *unterwerfen* ist biblisch wunderbar erdacht, aber menschlich völlig verdreht worden. Nehmen wir als Beispiel die Erschaffung des Menschen am sechsten Tag.

Und Gott segnete sie; und Gott sprach zu ihnen: Seid fruchtbar und mehrt euch und füllt die Erde und macht sie euch untertan; und herrscht über die Fische im Meer und über die Vögel des Himmels und über alles Lebendige, das sich regt auf der Erde! (Gen. 1,28 SLT)

Was lesen wir hier? Ein Herrscher sorgt sich um seine Untergebenen: Er führt sie weise und will, dass es allen gut ergeht. So will es Gott. Aber was ist daraus gemacht worden? Aus der Überlegenheit wurden ein permanenter Machtmissbrauch und Qual. Aus Unterwerfung resultiert nicht selten Hilflosigkeit.

Wenn der Heilige Geist von uns fordert, uns Ihm zu unterwerfen, dann ist das zu unserem eigenen Wohl, denn Gott hat nur und ausschließlich Gutes für Seine Kinder im Sinn. Mut tut gut!

weiche vom Bösen und tue Gutes, suche den Frieden und jage ihm nach! (Ps. 34,15 SLT)

Tücke der Passivität

Die Krux, die sich beim Schreiben dieses Kapitels auftat, war, dass es keinen Sinn zu ergeben schien. Wie kann man aktiv und passiv gleichzeitig sein?
Man ist entweder das eine oder das andere.

Liebste Leser, erst nachdem ich aufhörte, eigene Erläuterungen dieses vermeintlichen Widerspruchs zu finden und die Erklärung in Gottes Hand legte, eröffnete mir der Heilige Geist, was es bedeutet, im Glauben aktiv-passiv zu sein.

Die Tücke der Passivität ist, dass Christen vom feind langsam, aber sicher eingelullt werden. Das passiert immer dann, wenn man nicht selbständig nach Jesus forscht, sondern ungeprüft annimmt, was ein anderer sagt.
Deshalb fordert uns Petrus auf, wachsam zu sein.

Seid nüchtern, wacht! Euer Widersacher, der Teufel, geht umher wie ein brüllender Löwe und sucht, wen er verschlingen kann. (1. Petr. 5,8 ELB)

Wachsam sein bedeutet, dass man immer wieder eigenständig im Wort forschen muss, ob man richtig geht und im beständigen Gebet um Einsicht und Weisheit zu bitten. Nachfolger Jesu dürfen einen Schritt weiter gehen und die Weisheit als Schwester und die Einsicht als beste Freundin betrachten, so steht es in den Sprüchen in Kapitel 7, Vers 4 geschrieben.

Sprich zur Weisheit: Meine Schwester bist du! – und Verwandte nenne die Einsicht, (ELB)

Lass die Weisheit eine Schwester für dich sein, mach dir die Einsicht zur besten Freundin! (HFA)

Nehmen Sie sich einem Moment Zeit über diesen Zuspruch nachzudenken und zu danken.

Weiterhin ruft uns Paulus auf, nüchtern zu sein.
Nüchtern kann man auch mit sachlich gleichsetzen und bedeutet in meinen Augen, das Wort Gottes so anzunehmen, wie es geschrieben steht. Ein von mir oft gehörter Anfang von Predigten ist: *Die Legende besagt …*

Religiöse Leiter nehmen humanistische Lehren und versuchen damit Gottes Wort zu erklären. Das ist das Gegenteil von nüchtern.

Denken wir an einen Statiker: Er berechnet das jeweilige Objekt nicht emotional, oder vertauscht Vorzeichen, nur weil es ihm besser gefällt, sondern prüft, rechnet und prüft erneut.
So sollten Christen die Bibel lesen, frei von eigenen Emotionen und den Drang das Wort nach eigenem Dünken zu interpretieren.
Aktivität im Glauben bedeutet, sich immer wieder zu prüfen, ob man aufs Glatteis geführt wurde oder in eine Falle geraten ist, und gegebenenfalls Jesus um Einsicht und Weisheit zu bitten, sicher auf dem Pfad der Gerechtigkeit zu gehen.

Das aktive Abgeben von Situationen ist manchmal schwieriger, als man denkt.
Es ist eine grundsätzlich andere Einstellung, ob sich ein Christ sich zurücklehnt und sagt: „Ich habe alles an den HERRN abgegeben …", und weiter nicht aktiv voranschreitet oder im Gebet um das richtige Handeln ringt.

Ich habe von langjährig gläubigen Christen manches Mal gehört: „Gott regelt das schon für mich, ich habe doch eh keine Kraft." Und gleichzeitig treffen sie eigene Entscheidungen für ihr Handeln. Dieses Verhalten ist ambivalent und stellt eine Lästerung des Namens Gottes dar.

Warum? Weil in Stolz gehandelt wird, keine Beziehung zu Gott gelebt wird und so der Name Gottes missbraucht wird.
Der Name Gottes wird immer dann gelästert, wenn ein Mensch nichts mit Gott zu tun hat, es aber vorgibt.
Vielleicht kennen Sie Christen, die behaupten: „Ich gebe alles ab, ich armes Sünderlein kann ja eh nichts machen."

Nehmen wir ein einfaches Beispiel:
Ein Festessen im Kreise von Freunden. Der Braten steht duftend auf dem Tisch und die Klöße dampfen.
Man kann entweder sagen: „Ach, ich bete schon lange zum HERRN, dass ich abnehmen will und, wenn er das auch so sieht, macht er das, aber bis dahin wird gegessen."

Dies ist ein spitz formuliertes Beispiel, da auch ein Maß an Selbstbeherrschung erforderlich ist; trifft aber dennoch gut den Punkt, den ich herausarbeiten möchte.

Oder aber ein ernsthaftes Gebet könnte dieses sein:

Himmlischer Vater, Jesus Christus, mein König und mein Gott; die Situation entgleitet mir, deshalb lege ich sie Dir unters Kreuz und vertraue auf Dich, dass Du es gut machst. Ich bitte Dich um die nötige Kraft und lehre mich, das zu tun, was Dir gefällt. Dein Wille soll mein Wille sein. Hilf mir, diesen zu erkennen. Amen!

Wer so betet, ist nicht rein passiv, sondern sehr aktiv. Denn, obschon ein Christ erkennt, dass nichts in seiner eigenen Kraft liegt, betet jener beständig um Einsicht und Gelingen. Trotz der Anerkennung des eigenen Unvermögens ist dieses Gebet eine aktive Handlung.

Aber auch in unserem Sprachgebrauch sind wir von Gotteslästerung umgeben. Sie kennen sicherlich die Redewendungen: Gott sei Dank, O Jesses ne, großer Gott oder Mutter Maria und Josef .... Allein der Begriff HERR in der Bibel ist nicht der Eigenname Gottes, mit dem sich JHWH im brennenden Dornbusch Mose offenbarte. Warum wird er also konsequent nicht verwendet?

Diese sprachlichen Floskeln sind so tief in unserem täglichen Sprachgebrauch verankert, dass sie unbedacht und schnell daher gesagt werden. Damit ehren wir Gott nicht, sondern degradieren Ihn zu einer Witzfigur. Da wir den Eigennamen Gottes nicht verwenden, sprechen wir anonymisiert über jemanden, den wir im Grunde nicht ernst nehmen. Jemand, der auch nur einen Funken Gottesfurcht in sich trägt, benutzt keinen dieser Ausdrücke, sondern frohlockt, die Namen Gottes nennen zu dürfen. Zu einem aktiven Glaubensleben gehört auch ein neues Vokabular.

Noch einmal möchte ich untermauern, wie wichtig ein inniges und persönliches Glaubensleben mit Jesus für jeden Christen ist. Wer sich nicht die Mühe macht, selbständig nach Gott zu forschen, sondern sich durch möglicherweise falsche Propheten und Prediger beeindrucken lässt und vielleicht die Heilsfrage von einem Menschen beantworten lässt, ohne Gott zu involvieren, und losgelöst vom Willen Gottes agiert, gleicht den törichten Jungfrauen, die zwar den Namen ihres Bräutigams kennen, auch am richtigen Ort sind und doch dies hören ...

Nicht jeder, der zu mir sagt: Herr, Herr! wird in das Reich der Himmel eingehen, sondern wer den Willen meines Vaters im Himmel tut. 22 Viele werden an jenem Tag zu mir sagen: Herr, Herr, haben wir nicht in deinem Namen geweissagt und in deinem Namen Dämonen ausgetrieben und in deinem Namen viele Wundertaten vollbracht? 23 Und dann werde ich ihnen bezeugen: Ich habe euch nie gekannt; weicht von mir, ihr Gesetzlosen! (Mt. 7,21-23 SLT)

Hier lesen wir, die überdeutliche Warnung Jesu an jeden Jünger, dass gottlose Menschen nur den Schein von Gottesfurcht zeigen, aber leider mit ihren Missklängen dämonische Lügen verbreiten und Massen an Suchenden verwirren und von Gott wegführen. Das ist der berühmte Wolf im Schafspelz.
Jeder ist für sich selbst verantwortlich und kann seine eigene Widerspenstigkeit nicht auf andere abwälzen.

Der eigene Wandel entscheidet über den Einzug in die Herrlichkeit Gottes, nicht das gesprochene Wort eines Würdenträgers.

Immer wieder gibt es Berichte über charismatische Gemeindeleiter, die ihre Gemeindemitglieder mit überaus festen Regeln zusammenhalten und sich als Sprachrohr Gottes präsentieren. Wer so einem eloquenten menschlichen Leiter folgt und nicht an diesem vorbei zu Christus hinschaut, lebt rein passiv und ist leider mit den Ketten des feindes umschlungen. Aber auch jenen gilt die rettende Botschaft Christi, sich auf das unverfälschte Wort Gottes zu stellen und es anzunehmen.

Jeder Mensch hat die Möglichkeit Buße über sein Verhalten zu tun und sich von satan abzuwenden. Auch wenn dies beinahe unmöglich erscheint, reicht Jesus jedem, der Willens ist, Seine Hand und ruft demjenigen zu ...

Ist mein Wort nicht wie ein Feuer, spricht der HERR, und wie ein Hammer, der Felsen zerschmettert? (Jer. 23,29 SLT)

Im Brief an die Hebräer beschreibt der Autor die Kraft des Wortes eindringlich.

Das Wort Gottes ist lebendig und wirksam. Es ist schärfer als jedes zweischneidige Schwert und dringt durch und durch. Es durchdringt Seele und Geist, Mark und Bein. Es urteilt über die Gedanken und die Einstellung des Herzens. (Hebr. 4,12 SLT)

Sich selbst verleugnen

Sich selbst verleugnen ist das Gegenteil von an sich selbst glauben, und umfassender, als man zunächst ahnt.

In allen Dingen des eigenen Verhaltens ist jedem Nachfolger Jesu der Christus selbst das Vorbild.

Er ist der unerreichbare Maßstab und dennoch der Einzige, an dem sich jeder Jünger orientieren will. Nur weil es unmöglich ist, wegen unserer sündigen Natur, bedeutet es aber nicht, dass wir nicht wenigstens danach streben sollten.
In Arbeitszeugnissen gilt der Ausdruck *stets bemüht* als durchgefallen und unbrauchbar. Wenn ein Nachfolger Jesu einst vor Gott steht und Jesus sagt: „Du hast dich stets bemüht.", ist das das größte Lob, das man sich vorstellen kann und das einzige Ziel in dem Leben eines ernsthaften Jüngers. Jedenfalls in meinem.

Nirgends steht in der Bibel, dass wir perfekt sein müssen, aber sich jeden Tag neu vor Christus aufstellen, alles abgeben und, wenn nötig, wie Abraham das eigene Kind loslassen, ist das, was Jesus von uns erwartet. Aus eigener Erfahrung kenne ich den Schmerz, machtlos in einer von Willkür geprägten Situation zu sein und nichts ausrichten zu können. Da war ich gezwungen, Gott zu vertrauen, und legte im Gebet aktiv und ungeschönt, den ganzen Sachverhalt vor Jesus. Ich erzähle Ihnen dieses Zeugnis, denn Gott sprach mir Psalm 3 zu. Ich glaubte der Verheißung und erfuhr einen fulminanten Sieg!
Dranbleiben, verstehen Sie? Dranbleiben, nie aufgeben und in jeder schönen sowie unschönen Situation beten.

Lobpreis und Gebet sind Waffen. Sie haben die Macht, die finsternis zu verwirren und zurückzuschlagen. Doch nicht, weil ein Mensch gut singt oder betet, sondern weil Gott alles bewirkt.

Mit dem Vertrauen und dem Bewusstsein, dass wir nichts aus uns selbst heraus können, sollte es uns leichter fallen, unser altes Ich loszulassen. Mal ehrlich, wohin hat es uns denn gebracht?

Ich möchte Sie ermutigen, anzufangen, Dinge loszulassen, denn Sie werden merken, dass sich ein sich selbst verstärkender Effekt einstellt. Am Anfang fällt es schwer und man hat ein Verlustgefühl, aber halten wir uns immer vor Augen, dass Jesus immer das Beste für seine Kinder im Sinn hat.

Wir denken, sich selbst verleugnen sei schwer, vielleicht ist es das auch, aber was wir verleugnen, ist nichts im Vergleich zu dem, was Jesus getan hat. In Seiner Menschwerdung hat Er sich vollkommen selbst entäußert. Er verließ Seine Herrlichkeit, gab Seine Gottheit auf, wurde durch den Heiligen Geist im Bauch einer Frau empfangen und geboren, wie jeder andere Mensch dieser Welt auch, von Kain an.
Er wurde gestillt, gewickelt, getragen und behütet; Er war komplett abhängig von Maria und Josef, musste als Säugling nach Ägypten fliehen und wuchs mit allen Schwierigkeiten und Verführungen auf, die wir auch kennen. Vielleicht hatte Er Freunde, andere mochten Ihn möglicherweise nicht. Vielleicht hatte Er ein aufgeschürftes Knie. Jesus lernte auch ein Handwerk. Kurzum: Der allmächtige Gott und Schöpfer aller Dinge und allen Seins, machte Sich Seinen Geschöpfen vollkommen gleich. (Jesus, als Mensch geboren, hat Maria als Mutter; Jesus, Gott der Sohn, hat weder Mutter noch Vater!)

Unlängst las ich die Geschichte *Der Bauer und die Wildgänse.* Es geht um einen Bauern, der in einem Wintersturm in seiner Stube saß und draußen ein unüberhörbares Getöse hörte. Er ging hinaus und sah, dass Wildgänse wild hin und her flogen und die Orientierung verloren hatten. Der Bauer wollte ihnen helfen und öffnete das Scheunentor, doch die Gänse flogen nicht hinein. Er sprang zwischen ihnen herum und wollte sie hineinscheuchen, doch das führte nur zu noch mehr Verwirrung. Da hatte er eine Idee. Er ging in die Scheune, nahm eine seiner Gänse, stellte sich mit ihr zwischen alle anderen und hielt sie hoch. Die Gans schnatterte laut und er ging mit ihr zurück in die Scheune. Das Wunder geschah, die Wildgänse folgten ihr ins Warme. Nachdem der Bauer das Scheunentor schloss, beruhigten sich die Gänse und er erkannte, dass die Gänse nur auf eine der ihren hörten.

Eine der ihren!

Leider ist mir der Autor unbekannt, deshalb hoffe ich, dass ich diese herzerwärmende Geschichte verwenden darf.

Jesus wurde einer von uns!

Vor diesem Hintergrund stelle ich Ihnen und vor allen mir selbst die Frage: Warum fällt es uns so schwer, unser gemästetes Ich aufzugeben? O, wie stolz wir doch allesamt sind, dass wir Gott nicht ernst nehmen und Ihm in Gänze folgen. Verheißt Er uns sogar Schutz vor dem ewigen Tod.

Während Mose noch auf dem Berg Sinai von Gott die zehn Gebote erhält, gießen sich die Hebräer das goldene Kalb. Mose ist nur einen Augenblick aus ihrem Sichtfeld verschwunden und schon erliegen sie ihren eigenen Wünschen. Hüten wir uns bitte davor, jetzt abfällig über sie zu urteilen – geht es uns, also Ihnen und mir, nicht oft genug ebenso? Eben noch haben wir ein wunderschönes Erlebnis mit Gott erlebt und im nächsten Augenblick tun wir Dinge, die wir nicht sollten.

Wer für JHWH brennend bleiben will, sollte seine sozial erworbenen und eventuellen religiösen Verhaltensweisen als Gitterstäbe in dem Gefängnis des satan ansehen, dessen Türen offenstehen. Es liegt an jedem einzelnen, ob man in einem offenen Gefängnis verharrt, oder den Mut aufbringt hinauszuschreiten. Gott zieht an uns, und wenn unsere Grundmauern wackeln, spätestens dann sollte jeder auf Jesus schauen und nicht sein Herz vor Gott verschließen.

Denken Sie an den Gefängniswärter aus der Apostelgeschichte, Kapitel 16, der erst durch das Wackeln der Grundmauern aus seinem täglichen Trott gerissen wurde.

Wir sind nicht für diese Welt geschaffen, denn sie ist eine Station. Sie hat einen Anfang und ein Ende. Das Ende ist es, über das wir uns Gedanken machen sollten, nicht so sehr die Annehmlichkeiten in der Welt.
Haben Sie schon einmal in einem Bewerbungsgespräch gesessen? Sicherlich haben Sie versucht, den bestmöglichen Eindruck zu hinterlassen, weil Sie die Stelle unbedingt wollten. Darauf folgte eine Probezeit, und Sie waren bestrebt, den Eindruck zu festigen.

So verhält es sich mit unserem Leben. Wir alle haben die Möglichkeit Jesus zu finden und Ihn, um Vergebung unserer Sünden anzuflehen. Dann beginnt der Glaubenslauf, vergleichbar der

Probezeit, und schließlich erhalten jene, die diesen Weg beschritten haben, ihren Lohn. Und die an sich glauben, verfehlen die Gnade Gottes.

Wenn Gott Menschen zum Leben erwählt hat, hat er dann auch Menschen zur Verdammnis erwählt? Nein! Über der ganzen Menschheit steht das Urteil des Todes, denn alle haben gesündigt

... und der Lohn der Sünde ist der Tod (Röm. 6,23)!

Erneut möchte ich die Entäußerung Jesu aufgreifen, weil sie in ihrer Dimension unvorstellbar für uns ist. Nicht einmal der Christus Selbst hat sich erhöht. Er, Der alles Recht und jede Möglichkeit hatte Seine Gesamtgottheit zu zeigen, tat es nicht. Welchen unvorstellbaren Schmerz muss Jesus nicht nur körperlich, sondern auch im Geist und Seiner Seele verspürt haben? Die Trennung vom himmlischen Vater zu Ihm war real und Jesus bewies Sein Vertrauen zum Vater bis in den Tod hinein. Dieses Vertrauen wollen wir ebenso haben und, wenn nötig, zeigen. Jesus brach den Vorgang nicht ab; Er ließ sich auch kurz vorher mit römischen Peitschen Fleisch und Muskeln zerfetzen, Er erduldete alles.

Auch betete, flehte und fastete Jesus in Seiner Zeit auf dieser Erde. Er lebte zwischen und mit Seinen Geschöpfen, erbarmte Sich über jeden, der Ihn suchte, und offenbarte Sich als der Menschensohn. Er tat in allem nicht, was Er wollte, sondern vollbrachte den Willen des Vaters.

Wenn also Gott der Sohn in Jesus Christus, den Willen des Vaters tut, wie viel mehr sollten dann wir Ihm nachjagen?

Zu jener Zeit begann Jesus und sprach: Ich preise dich, Vater, Herr des Himmels und der Erde, dass du dies vor den Weisen und Klugen verborgen und es den Unmündigen geoffenbart hast! (Mt. 11.25 SLT).

Lesen wir die Kreuzigungsszene aus dem Evangelium nach Lukas, in Kapitel 23, in der zwei Verbrecher zum Tode am Kreuz verurteilt wurden und mit Jesus auf den Hügel Golgatha gekreuzigt wurden.

32 Es wurden aber auch zwei andere hingeführt, Übeltäter, um mit ihm hingerichtet zu werden.

Die Szene mit den zwei Übeltätern ist ausführlich beschrieben.

33 Und als sie an den Ort kamen, den man Schädelstätte nennt, kreuzigten sie dort ihn und die Übeltäter, den einen zur Rechten, den anderen zur Linken.

Jesus ist in ihrer Mitte, und mit dem gegensätzlichen Verhalten der beiden Männer wird deutlich, dass es sich bei dem einen um einen bußbereiten Mann handelt, der erkannt hat, dass er den Tod verdient, aber ohne die lebensrettende Gnade Jesu in Ewigkeit stirbt, während der andere unter Schmerzen und Qual noch immer an seinem eigenen Stolz festhält und die heilsverheißenden Worte ausschlägt.

Sehen Sie die Güte Gottes? Bis zum letzten Atemzug ist Gott geduldig und wartet auf unsere demütige Haltung Ihm gegenüber. Wie dem Schächer am Kreuz in der tatsächlich letzten Sekunde seines irdischen Lebens durch Jesus Christus vergeben wurde, so vergibt Er auch heute jedem, der sich Ihm zuwendet.

Es ist Ihr freier Wille zu entscheiden, wer Sie sein wollen: Ein Nachfolger Jesu, der sich selbst vollständig aufgibt, weil in Jesus alles erreicht ist, oder ein Selbstgerechter, der an seinen Vorstellungen und vergänglichen Werten festhält.

39 Einer der gehängten Übeltäter aber lästerte ihn und sprach: Bist du der Christus, so rette dich selbst und uns! 40 Der andere aber antwortete, tadelte ihn und sprach: Fürchtest auch du Gott nicht, da du doch in dem gleichen Gericht bist? 41 Und wir gerechterweise, denn wir empfangen, was unsere Taten wert sind; dieser aber hat nichts Unrechtes getan! 42 Und er sprach zu Jesus: Herr, gedenke an mich, wenn du in deiner Königsherrschaft kommst! 43 Und Jesus sprach zu ihm: Wahrlich, ich sage dir: Heute wirst du mit mir im Paradies sein!

Von ganzem Herzen ermutige ich Sie: Verlassen Sie das Gefängnis aus Menschenfurcht, Traditionen sowie Religionen, und richten Sie den Fokus allein auf Jesus. Er rettet, niemand sonst.

Der reiche Oberster aus Lukas, Kapitel 18, war von Jesus aufgefordert worden, alles loszulassen. Seinen Reichtum wollte er nicht aufgeben, deshalb sagt Jesus in Vers 24 …

Wie schwer werden die Reichen ins Reich Gottes hineinkommen! (SLT)

Im Gegensatz dazu steht der Kerkermeister, der alles aufgegeben hat. Ihm war die Gnade Jesu wichtiger als alles Weltliche.

Das Herz eines Jüngers darf an nichts Weltlichen hängen und Nachfolge kostet alles. Warum auch nicht …

Denn das Trachten des Fleisches ist Tod, das Trachten des Geistes aber Leben und Frieden, weil nämlich das Trachten des Fleisches Feindschaft gegen Gott ist; denn es unterwirft sich dem Gesetz Gottes nicht, und kann es auch nicht; (Röm. 8,6-7 SLT)

Jesus sagt, jeder muss sich selbst verleugnen und seine sündige Natur in Christus abwerfen, indem er an Ihn glaubt und gerettet wird. Tut das ein Mensch nicht und hält mit Macht fest, was er hat, wird er am Ende alles verlieren.

Wer sein Leben liebt, der wird es verlieren; wer aber sein Leben in dieser Welt hasst, wird es zum ewigen Leben bewahren. (Joh. 12.25 SLT)

Wenn jemand mir dienen will, so folge er mir nach; und wo ich bin, da soll auch mein Diener sein; und wenn jemand mir dient, so wird ihn [mein] Vater ehren. (Joh. 12,26 SLT)

Er verlangt von uns, was Er vorgelebt hat: Einander zu dienen, nicht bedient zu werden. Ein eigenes unbequemes und herausforderndes Kreuz zu nehmen, und manchmal zu leiden und zu sterben.
Das Kreuz ist unbequem und passt sich unserem Rücken nicht an. Soll es auch nicht, damit wir es nicht liebgewinnen.
In mehreren Stellen wird die Notwendigkeit der klaren Nachfolge Jesu von Jesus Christus selbst erwähnt. Für den Moment habe ich drei Stellen aufgeführt.

Und wer nicht sein Kreuz auf sich nimmt, und mir nachfolgt, ist meiner nicht wert. (Mt. 10,38 MENG)

Und ...

Wer nicht sein Kreuz trägt und mir nachfolgt, der kann nicht mein Jünger sein. (Lk. 14,27 MENG)

Und ...

Nun redete Jesus aufs neue zu ihnen und sagte: »Ich bin das Licht der Welt: wer mir nachfolgt, wird nicht in der Finsternis wandeln, sondern das Licht des Lebens haben.« (Joh. 8,12 MENG)

Diese Verse zeigen uns, wie wichtig es ist, sich ganz klar zu Jesus hinzupositionieren. Der satan verwässert diese Aufforderung, indem er uns weismacht, nur ein bisschen Jesus genügt schon, um gerettet zu werden. Doch irren Sie sich nicht, das ist eine weitere Halbwahrheit.

Mit keiner Silbe steht im Alten oder Neuen Testament, nur ein bisschen Jesus rettet. Oder ein bisschen Glauben reicht aus, um in die Wohnungen im Himmel zu gehen, die der Vater für Seine Kinder bereitet sind.

In meines Vaters Hause sind viele Wohnungen; wenn es nicht so wäre, hätte ich es euch gesagt; denn ich gehe hin, euch eine Stätte zu bereiten; (Joh. 14,2 MENG)

Um in die Herrlichkeit Gottes zu gelangen, müssen wir dem allmächtigen Gott in Jesus Christus gefallen. Denn Er ist die Tür, durch die wir gehen. Sie lesen richtig, die Tür ist kein Gegenstand, sie ist eine Person! Gott in Jesus Christus!

Da sagte Jesus von neuem zu ihnen: »Wahrlich, wahrlich ich sage euch: Ich bin die Tür für die Schafe! (Joh. 10,7 MENG)

Und ...

Ich bin die Tür: Wenn jemand durch mich eingeht, wird er gerettet werden, wird ein- und ausgehen und Weide finden. (Joh. 10,9 MENG)

Wenn ein Christ in seinem Leben an einer Sünde festhält, dann gibt er dem satan die Möglichkeit anzugreifen. Der Heilige Geist, mit dem alle wiedergeborene Christen versiegelt sind, ist sehr vornehm und zieht sich zurück, wenn ein Christ dem feind Zugang gewährt. Das ist der Anfang eines teufelskreises, denn man gewährt dem feind Raum. Rücksichtslos nimmt er diesen ein und beansprucht mehrere Gebiete in unserem Verhalten und will so eine Abkehr von Gott erzielen.

Lassen Sie es mich deutlich formulieren. Das einzige Ziel des satan ist, gegen Gott zu rebellieren und uns zu vernichten. Dafür verwendet er zahlreiche Fallen, Lügen und Halbwahrheiten.
Wir befinden uns in einer Schlacht satan gegen Gott!
Da der satan nicht gewinnen wird – und das weiß – trägt er diesen Kampf auf dem Rücken aller Menschen aus. satan greift uns aktiv und immerwährend an, denn wir sind im Bilde Gottes geschaffen und nur durch eine bewusste Willenserklärung zu Jesus Christus hin, einer vollständigen Abkehr des alten Lebens und mit der Taufe aus Wasser und Geist, gerettet. Erst jetzt beginnt der Glaubenslauf, der mit Gefahren und Hindernissen gespickt ist.
Jesus schenkt uns in dem Evangelium nach Johannes in Kapitel 3, in Vers 18, die Verheißung, die jeder Mensch annehmen sollte.

Wer an ihn glaubt, wird nicht gerichtet; wer nicht (an ihn) glaubt, ist schon gerichtet, weil er nicht an den Namen des eingeborenen Sohnes Gottes geglaubt hat. (Joh. 3,18 MENG)

Doch dürfen sich Christen nicht auf dieser Zusage ausruhen, denn der satan attackiert uns unablässig. seine Taktiken sind bewährt und leider gelingt es ihm bei manchen Christen. Ein Gemeindeleiter sagte einmal zu mir, dass Christen nicht mehr angegriffen werden, weil sie ja gerettet sind.
Vorsicht, eine gerettete Seele ist den satan ein so bitterer Verlust, dass er alles daransetzt, eine erleuchtete Seele so zu verführen, dass sie sich von Gott abkehrt.
Geht nicht? Doch! Wenn satan es schafft, ein Drittel aller Engel aus dem Himmel zu lösen, weil sie seinen Lügen geglaubt haben, obwohl sie Gott von Angesicht kannten sowie Seine Herrlichkeit und Macht, wie kann dann ein Christ ernsthaft annehmen, er könne sorglos leben und müsse nicht äußerst wachsam sein? satan gibt uns Gedanken ein, aus Gedanken werden Worte, Verlangen, und schließlich Taten. Hüten wir unsere Gedanken und füllen sie mit dem Wort Gottes.
Zu Beginn des Busches schrieb ich, dass es in der Theologie einen Satz gibt, der folgendermaßen lautet: Wer einmal geboren ist, wird zweimal sterben, und wer zweimal geboren ist, wird einmal sterben.
Wenn man den Satz näher betrachtet, stimmt er nicht ganz. Denn nicht allein die Wiedergeburt allein ist entscheidend – sie stellt uns an den Beginn unseres Glaubensweges – sondern der gesamte aktive, hingebungsvolle und andauernde Lebenswandel eines Christen zu Gott hin. Nicht umsonst spricht Paulus von einem Wettkampf! Mit der Wiedergeburt qualifiziert sich ein Christ überhaupt erst für die Startlinie.

Der Satz müsste folglich so lauten: Wer einmal geboren ist, wird zweimal sterben, und wer zweimal geboren ist, *und ein Leben lang aktiv und gottesfürchtig lebt,* wird einmal sterben.
Ist es nicht ein bisschen vermessen einen etablierten Glaubenssatz zu monieren? Vielleicht, aber ich bin der Meinung, dass wir alles prüfen sollen.

Ein Erlebnis aus meinem persönlichen Umfeld brachte mich dazu, alles, wirklich alles zu prüfen, und zwar ohne Ansicht von Abschlüssen oder bedeutsamen Namen.
Ich lernte an Ostern vor zwei Jahren eine junge Christin kennen, die sich als glühende Jüngerin Jesu präsentierte, mich mit ihren motivierenden Worten in ihren Bann zog, viel Raum in meinem Tagesablauf einnahm und sich plötzlich zurückzog. Sie brach alle Kontakte ab, war nicht mehr zu erreichen und meldete sich nach Monaten unerwartet bei mir, um für den katholischen Glauben zu missionieren.
Was war passiert? Mit ihr geschah, was vielen im Moment passiert. Der religiöse geist fischt jeden ab, der nicht vollkommen klar an und in Jesus verankert ist.
Ob dies schon der biblische Abfall ist, kann ich nicht sagen, aber es ist in jedem Fall eine bedenkliche Entwicklung, die jeden Jünger zum Handeln auffordern sollte.
Und wenn ich mich mit der Korrektur eines traditionell verankerten Lehrsatzes unbeliebt mache, dann ist das wohl so. Wem will ich denn gefallen? Gott oder Menschen?

Ich will noch einmal wiederholen, warum ich dieses Buch schreibe: Die Taktiken des satan müssen von jedem erkannt werden. Meine Hoffnung besteht darin, Sie für diese perfiden und tödlichen Fallen zu sensibilisieren und den Blick auf Jesus zu richten.

Wir dürfen nicht vergessen, dass er satan ein mächtiges Engelwesen und mit enormer Macht und Befugnissen ausgestattet ist.
Und doch brauchen Nachfolger Jesus nicht verzagen, denn in Hiob steht die phänomenale Zusage Gottes für uns, dass der satan die Grenzen und Befehle Jesu nicht überschreiten darf und kann.
Wir lesen in Kapitel 1 einen Dialog aus dem Himmel zwischen Gott und dem satan, in dem Gott Hiob für seine Rechtschaffenheit lobt und satan ihn zur Prüfung seines Glaubens angreifen will. Wir erinnern uns, der feind will uns von Gott abbringen, in dem er unser Vertrauen in Gott angreift.
Gott gewährt dieses Vorhaben in bestimmten Grenzen und der feind muss sich daran halten.
Es ist gut, diese wichtige Bibelstelle in einem größeren Zusammenhang zu lesen:

6 Nun begab es sich eines Tages, dass die Gottessöhne kamen, um sich vor Gott, den HERRN, zu stellen; und unter ihnen erschien auch der Satan. 7 Da fragte der HERR den Satan: »Woher kommst du?« Der Satan gab dem HERRN zur Antwort: »Ich bin auf der Erde umhergestreift und habe eine Wanderung auf ihr vorgenommen.« 8 Da sagte der HERR zum Satan: »Hast du wohl auf meinen Knecht Hiob achtgegeben? Denn so wie er ist kein Mensch auf der Erde, so fromm und rechtschaffen, so gottesfürchtig und dem Bösen feind.« 9 Der Satan erwiderte dem HERRN: »Ist Hiob etwa umsonst so gottesfürchtig? 10 Hast du nicht selbst ihn und sein Haus und seinen ganzen Besitz rings umhegt? Was seine Hände angreifen, das segnest du, so dass sein Herdenbesitz sich immer weiter im Lande ausgebreitet hat. 11 Aber strecke doch einmal deine Hand aus und lege sie an alles, was er besitzt: dann wird er sich schon offen von dir lossagen.« 12 Da antwortete der HERR dem Satan: »Gut! alles, was ihm gehört, soll in deine Gewalt gegeben sein! Nur

an ihn selbst darfst du die Hand nicht legen!« Da ging der Satan vom Angesicht des HERRN hinweg. (Hi. 1,6-12 MENG)

Wir lesen, dass der satan und die Gottessöhne – also Engelwesen; nicht Jesus als Sohn degradiert und Bruder luzifers – direkten Zugang zu Gott haben und, dass sowohl Gott als auch der satan Hiob kennen. In den folgenden Versen nimmt der satan Hiob alle Söhne und Töchter sowie seine gesamte Habe. Diese schlechten Nachrichten sind in unserem heutigen Sprachgebrauch als Hiobsbotschaft bekannt. In Kapitel zwei erscheinen die Gottessöhne und der satan erneut vor Gott, und Hiobs Frömmigkeit und Gottesfurcht wird lobend von Gott erwähnt.

4 Der Satan aber erwiderte dem HERRN: »Haut um Haut! Ja alles, was ein Mensch hat, gibt er für sein Leben hin. 5 Aber strecke nur einmal deine Hand aus und lege sie an sein Gebein und sein Fleisch, so wird er sich sicherlich offen von dir lossagen!« 6 Da sagte der HERR zum Satan: »Gut! er soll in deine Gewalt gegeben sein: nur sein Leben sollst du schonen!« 7 Da ging der Satan vom HERRN hinweg und schlug Hiob mit bösartigen Geschwüren von der Fußsohle bis zum Scheitel, 8 so dass er sich eine Scherbe nahm, um sich mit ihr zu schaben, während er mitten in der Asche saß. (Hi. 2,4-8 MENG)

Hiob erleidet Qualen, ist finanziell ruiniert, befindet sich in Trauer um seine Kinder und Gesundheit, auch seine Frau ist ihm keine Unterstützung und versinkt in den darauffolgenden Kapiteln in einer Mischung aus Selbstmitleid, Stolz und Depression, klagt sogar Gott stellenweise an und erfährt ab Kapitel 32 den Beginn seiner Läuterung durch die sensationelle Rede Elihus. Gott offenbart sich selbst ab Kapitel 38 und spricht in absoluter Wahrheit zu Hiob ...

1 Hierauf wandte sich der HERR weiter an Hiob mit der Frage: 2 »Hadern will der Tadler mit dem Allmächtigen? Der Ankläger Gottes gebe Antwort darauf!« 3 Da antwortete Hiob dem HERRN: 4 »Ach, ich bin zu gering: was soll ich dir entgegnen? Ich lege meine Hand auf den Mund! 5 Einmal habe ich geredet, werde aber nichts mehr entgegnen; und noch ein zweites Mal habe ich es getan, doch niemals tue ich es wieder.« 6 Weiter antwortete der HERR dem Hiob aus dem Wettersturm heraus folgendermaßen: 7 »Auf! Gürte dir die Lenden wie ein Mann: ich will dich fragen, und du belehre mich! 8 Willst du wirklich mein Recht zunichte machen, mich schuldig sprechen, damit du als gerecht dastehst?« 9 »Hast du etwa einen Arm wie Gott, und vermagst du den Donner so laut rollen zu lassen wie er? 10 So schmücke dich doch mit Erhabenheit und Hoheit und kleide dich in Pracht und Herrlichkeit! (Hi. 40, 1-10)

Verinnerlichen Sie sich bitte, dass Jesus der Schöpfer aller Dinge und allen Seins, den Himmel öffnet und in einer Gewitterwolke zu Hiob spricht. Das alles durchdringende Donnern können wir nicht einmal erahnen. Gott verwirft Hiob nicht, sondern der Allmächtige offenbart sich in Seiner Gottheit. Nach der aufrichtigen Buße Hiobs beschenkt Gott ihn mit allen vorherigen Gütern im doppelten Maß. Daraus lesen wir, dass nach einer ernsthaften Buße und in einer aufrichtigen Nachfolge Jesu das böse dem Gerechten zum Guten dienen muss.

Wir wissen aber, dass denen, die Gott lieben, alle Dinge zum Besten dienen, denen, die nach dem Vorsatz berufen sind. (Röm. 8,28 SLT)

Ein weiterer Aspekt, den wir beherzigen sollten, ist, dass alle dämonen Gott kennen, Ihn bekennen, fürchten und loben.

Du glaubst, dass es nur einen Gott gibt? Du tust wohl daran! Auch die Dämonen glauben es — und zittern! (Jak. 2,19 SLT)

In der Szene, in der Jesus und Seine Jünger in das Gebiet der Gadarener kommen, läuft Ihm ein Mann aus den Gräbern entgegen. Er ist besessen, die Menschen aus dem anliegenden Ort haben Angst vor ihm und versuchen ihn mit Ketten zu binden. Der Mann wirft sich Jesus zu Füßen und die dämonen in ihm flehen Jesus an, nicht vor der Zeit gequält zu werden. Daraus lesen wir, dass alle dämonen, einschließlich dem satan um ihre Verdammnis wissen und diese fürchten.

Als er aber Jesus von ferne sah, lief er und warf sich vor ihm nieder, 7 schrie mit lauter Stimme und sprach: Jesus, du Sohn Gottes, des Höchsten, was habe ich mit dir zu tun? Ich beschwöre dich bei Gott, dass du mich nicht quälst! (Mk. 5,6-7 SLT)

In Matthäus steht folgender Vers ...

29 Und siehe, sie schrien und sprachen: Was haben wir mit dir zu tun, Jesus, du Sohn Gottes? Bist du hierhergekommen, um uns vor der Zeit zu quälen? (Mt. 8,29 SLT)

Inmitten dieser zeitgeschichtlichen Ära erfahrbarer Prophetien, erlebt die Esoterik einen noch nie dagewesenen Aufschwung. Ein Merkmal der Esoterik ist, dass sie Worte der Bibel verwendet, diese aber mit satanischen Inhalten füllt. Licht, Liebe und Freiheit sind die meistverwendeten Schlagwörter.

Noch nie haben sich Hexen und Zauberer so in der Öffentlichkeit gezeigt, wie in den Jahren ab 2020. Es scheint ein regelrechter Livestyle zu sein, sich mit Gaia und den Elementen der Erde zu vereinen, die Häuser mit verbranntem Salbei zu betören oder Burgfräulein zu beschwören. böse Geister und dämonen werden romantisiert und jede natürliche Abneigung durch Riten unterdrückt.

In sozialen Medien ploppen immer mehr Kanäle von selbsternannten Schamanen und Hexen auf, die sich ganz offen als solche betiteln.
Warum? Weil sich dämonen nicht länger verstecken und immer mehr Menschen, allen voran Kinder, diese in ihrem Umfeld, nicht selten in den eigenen Kinderzimmern, erleben. Durch unsere sündige Natur sind wir den Strohhalmen des satan sehr zugeneigt und scheuen nicht das Übernatürliche an sich, wohl aber das Licht Jesu, denn wir wissen, unbewusst, dass wir in dem alles durchdringenden Licht ohne Buße nicht bestehen!
Nur so ist es plausibel zu erklären, dass sich Mütter hilfesuchend an manche Hexe wenden und erzählen, die eigene Tochter würde die Zigarren des verstorbenen Großvaters riechen, Bewegungen in den Wänden wahrnehmen und sich beobachtet fühlen. Eine Hexe klärt nicht auf, sie warnt auch nicht vor dämonen und deren Absicht zu quälen und zu vernichten; sie schlägt Kapital aus der Not.

Lassen Sie mich in aller Deutlichkeit aufzeigen: Die Verstorbenen sind tot, sie kommunizieren nicht mehr mit den Lebenden, sie hinterlassen keine romantischen Nachrichten und sie geben auch keine Lebenstipps.
Und doch gab es Zauberer von Anfang an. Ihre Anziehungskraft ist von Anbeginn unstrittig, das macht sie aber nicht ungefährlicher.

Jeder Zauberer und jede Hexe sind selbst Opfer des satan, denn sie mögen im Diesseits finanziellen Erfolg und Ansehen genießen, sind JHWH aber ein Gräuel und erfahren, ohne Buße, keine Rettung.

Der satan gibt denen, die sich vor ihm beugen, zeitweise Macht, Geld und Ansehen in dieser Welt, das sagt er selbst in Lukas 4, während der Versuchung Jesu in der Wüste. Bitte, erliegen Sie nicht dem Irrtum, dass er tatsächlich Macht abgeben würde. So wie er sie gibt, holt er sich die auch unvermittelt wieder zurück. er ist ein Lügner und Menschenmörder von Anfang an.

Lesen wir in dem Zusammenhang in der Apostelgeschichte das Kapitel 19, die Verse 15 und 16, in der sieben Söhne des jüdischen Hohepriesters dämonen beschwören und mit dem Namen Jesu austreiben wollen. Das gelingt ihnen nicht, denn sie tun es aus den falschen Motiven heraus und haben die Kraft Gottes nicht.

15 Aber der böse Geist antwortete und sprach: Jesus kenne ich, und von Paulus weiß ich; wer aber seid ihr? 16 Und der Mensch, in dem der böse Geist war, sprang auf sie los, und er überwältigte sie und zeigte ihnen dermaßen seine Kraft, dass sie entblößt und verwundet aus jenem Haus flohen. (SLT)

Ich appelliere ernstlich an Sie: Wenden Sie sich von der Esoterik ab! Alle Gegenstände, die Sie in dieser Richtung möglicherweise besitzen, sollten umgehend verschwinden!

Was im persönlichen Leben an Macht gegeben wird, wird ebenso auf der weltweiten politischen Bühne praktiziert. Denken Sie an die Ereignisse der jüngsten Vergangenheit. Nicht einzelne Politiker sind die Machthaber, auch keine verborgenen Familien, oder eine nebulöse Macht im Hintergrund. Es sind auch keine Außerirdischen. Es ist der Fürst dieser Welt! Und vieles liegt in seiner Macht. Aber eben nicht alles!

Nach diesen Ausführungen haben wir einen Eindruck von der Macht des satan, aber auch seinen Grenzen.
Und wir lesen, dass sogar satan nach den Geboten Jesu agieren muss! Das zu wissen hilft mir ungemein angstfrei in die Zukunft zu blicken.

Was bedeutet nun eine Nachfolge Jesu, wie Er sie von uns fordert, vor dem Hintergrund, sich selbst zu verleugnen?
Gepriesen sei JHWH, dessen Gedanken viel höher sind als unsere; denn um sich selbst zu verleugnen, geht es nicht allein um die irdischen Güter, sondern ebenso darum, alle erlernten Strategien, alle religiösen Verhaltensweisen, alle durch Menschen geprägte Muster loszulassen.
Es geht darum, wie Petrus allein auf dem Wasser vor Christus zu stehen. Auf unsicherem Terrain, allein, ohne irdische Hilfsmittel, auch wenn sich sonst niemand traut. Das ist Nachfolge.
Ich beschreibe Ihnen ein Bild, das ich im Geist sah, denn ich bin davon überzeugt, dass es Ihnen so viel Mut gibt, wie mir.

Während einer turbulenten Situation schloss ich die Augen und rieb mir die Nasenwurzel. Für eine Sekunde sehe ich mich auf Wasser stehen. Schäumende Wellen recken sich neben mir in den Himmel empor. Vor mir steht Jesus. Ich blicke auf Seine Füße. Von Ihm geht ein goldener Schatten aus. Dieser erstreckt sich bis zu mir hin und ich sehe auf meine Füße. Sie stehen auf einem goldenen Untergrund, der fest und lebendig zugleich scheint. Auch wenn mir die Worte einer genauen Beschreibung fehlen, so weiß ich eines gewiss: Solange ich in Jesu Licht wandle, ist der Untergrund egal, auf dem ich gehe!

Samuel aber sprach zu Saul: Hat der HERR dasselbe Wohlgefallen an Schlachtopfern und Brandopfern wie daran, dass man der Stimme des HERRN gehorcht? Siehe, Gehorsam ist besser als Schlachtopfer und Folgsamkeit besser als das Fett von Widdern! (1Sam. 15,22 SLT)

Oder auf uns heute umgeschrieben: Hat JHWH dasselbe Wohlgefallen an religiösen Traditionen, wie vielmehr daran, eine aufrichtige Beziehung zu Sich in Jesus zu haben?

Lassen wir alle abknickenden Strohhalme los und stellen uns auf das feste Fundament des Evangeliums!

Identität in Christus

Um dieses Kapitel einzuleiten, möchte ich Ihnen von einer Falle berichten, in die ich tappte und deren Denkfehler ich zwei Jahre lang hegte, weil ich meine eigene Identität in Christus nicht kannte. Es ist mir unangenehm, trotzdem schreibe ich meinen Fehler auf, damit Sie sich nicht von demselben Irrglauben verleiten lassen.

Ich sitze im Oktober 2022 an meinem Schreibtisch, blicke aus dem Fenster und beobachte, wie zwei Krähen eine Elster durch die Luft jagen. Graue Wolken versperren seit Tagen die Sicht auf die Sonne, und ein Prediger sagt passend zur Stimmung, dass schon ein Glühwürmchen ausreiche, um Licht in der finsternis zu sein.
Zwar habe ich noch keine gesehen, stelle mir ihr Leuchten aber romantisch vor. Mir gefällt die Vorstellung, selbst ein kleines Licht zu sein, und fühle mich in der Vorstellung geborgen.
Zwei Jahre später, im Oktober 2024, beginne ich dieses Buch zu schreiben und spreche mit einer Schwester in Christus über *Salz und Licht sein* und wie funzelig wir uns im Gegensatz zu anderen Christen fühlen. Ich thematisiere in dem Zusammenhang die Glühwürmchen, und wir sind uns einig, dass das ein wohliger Gedanke sei.

Gott sieht das anders!

Meine Schwester in Christus ruft mich am folgenden Morgen an und teilt mir einen Eindruck von Gott mit, in dem Er uns sehr liebevoll zeigt, wie falsch wir liegen. Er zeigt uns unter welchem Schleier wir fast die Orientierung verloren hätten.

Dies teilte Gott ihr mit:
Von einem Glühwürmchen fühlt sich die finsternis nicht gestört, von einem Feuer schon.

Ich danke JHWH jeden Tag für Seine Korrektur.

Mein Denkfehler war, meine Identität in Christus nicht zu kennen, geschweige denn, sie aktiv zu suchen und anzunehmen. Sondern ich verließ mich auf Prediger, die mich in trügerischer Sicherheit wiegten. Ich versäumte beinahe, meine Identität zu kennen, und eignete mir so eine verdrehte Form des Stolzes an. Ich habe mein brennendes Feuer unter den bekannten Scheffel des Matthäusevangeliums aus Kapitel 5 gestellt und wäre fast erloschen.

So tückisch arbeitet der satan; das nennt die Bibel *lau sein*, und davor warnt uns Jesus in der Offenbarung in den sieben Sendschreiben intensiv.

Der religiöse geist will, dass ein Jünger Jesu das Feuer des Heiligen Geistes selbständig und langsam erstickt. Ähnlich einem Kaminofen, bei dem die Luftzufuhr abgeschnitten wird. In der Folge erlischt das Feuer; oder das Öl verbraucht.

Etliche Christen, die ich in den letzten Jahren kennenlernte, agieren ähnlich, wie ich noch vor Kurzem. Sie sind in sich gekehrt, wollen nicht auffallen, denken sich, dass Gott das schon alles macht und beten säkular. Damit unterschätzen sie auf der einen Seite den satan, und nehmen auf der anderen Seite Gott nicht ernst. Dieser Fehler ist fatal, denn damit gewinnt der feind, und Sie sind der Verlierer!

Richtig ist, dass alles Gottes Kampf ist, aber das bedeutet nicht Nichts zu tun.
Vielmehr muss unser Gebet zu Jesus dieses sein:

Ich flehe von ganzem Herzen um deine Gunst: Sei mir gnädig nach deinem Wort! (Ps. 119,58 SLT)

Erinnern Sie sich an das Eingangsgebet? Ich schrieb, dass wir uns klar zu Jesus hin positionieren müssen, wenn wir in Seiner Kraft die fisternis zurückschlagen wollen. Wir können uns aber nur dieser Gebetsmacht bewusst sein, wenn wir unseren Stand, unsere Identität und Autorität in Christus kennen.
Was glauben Sie, warum es so viele Flüstereien des satan gibt, im Gebet nachzulassen, oder sich passiv, beziehungsweise lau zurückzulehnen?

Ich wiederhole das kurze, aber wirkungsvolle Gebet gerne an dieser Stelle: Jesus, ich gehöre zu Dir! Amen!

Die Honigfalle des satan, aus der ich allein mit Gottes Hilfe entkam, ist die wohl derzeit größte: Viele ruhen sich auf der überströmenden Liebe Gottes zu uns Menschen aus. Dabei vergessen sie völlig, dass Gott auch gerecht ist.
Natürlich ist es angenehmer, sich einen Gott vorzustellen, der alles vergibt und lieb ist. Ein Gott, der uns einfach in den Himmel durchwinkt und uns einen Platz auf einer flauschigen Wolke zu-

weist. Aber das ist ein Irrlicht und entspringt wohl eher der Fantasie eines Comiczeichners als der Bibel!

Die Eigenschaft Gottes überreicher Liebe zu allen Menschen, ist eine Facette Seines allmächtigen Wesens.

Zunächst müssen wir uns von dem alles vergebenden Gott lösen. Ich schreibe bewusst *müssen*, denn wer das nicht tut, bleibt in dieser klebrigen Lüge kleben. Es gibt in diesem Fall nur Hopp oder Topp!

Daraufhin beten Sie bitte um Vergebung und sprechen die Wahrheiten Gottes aus der Bibel über sich selbst aus. Damit lernen Sie Ihre Identität in Christus kennen. Als finalen Schritt nehmen Sie Ihre Identität bitte einfach an und halten an Jesus fest.

Das nimmt Ihnen niemand ab, und bitte: Lassen Sie sich von diesem Vorhaben von niemanden abbringen.

Wenn Sie ein wiedergeborener Christ sind, also ein Jünger und Apostel, dann sind Sie Kind des Allerhöchsten und so haben wir die heilige Pflicht unser Feuer des Heiligen Geistes am Brennen zu halten!

Ist Gott denn ein Glühwürmchen? Ich stelle diese törichte und rhetorische Frage, denn das unterstellte ich selbst Gott, auch wenn ich das so nie aussprach. Aber wenn man sich einerseits als Königskind bezeichnet und andererseits als funzeliger Leuchtkäfer mit äußerst kurzer Lebensdauer, passt ja etwas nicht zusammen.

Vielmehr ist Gott ...

... ein verzehrendes Feuer, ein eifersüchtiger Gott. (Dtn. 4,24 SLT)

Und wir dürfen beten...

Ja, du zündest meine Leuchte an; der Herr, mein Gott, macht meine Finsternis licht; (Ps. 18,29 SLT)

Und ...

Sende dein Licht und deine Wahrheit, dass sie mich leiten, mich bringen zu deinem heiligen Berg und zu deinen Wohnungen, (Ps. 43,3 SLT)

Dieses Kapitel ist das persönlichste und fordert mich sehr, daher erlauben Sie mir bitte eine ermutigende Geschichte aus den Monaten Juni bis August 2024 zu berichten.

Ich fühlte mich Gott fern und hatte seit Monaten das Bild einer Mauer vor mir, durch die ich nicht hindurchdringen konnte, aber ich sah Gottes Licht dahinter scheinen. Doch fand ich keine Tür. Während eines Gebetes erhielt ich die Einsicht, dass Gott auf meinen ersten ernsthaften Schritt auf Sich zu, wartete.

Doch wie sollte der aussehen?

Ich dachte an Josua und wie Gott ihm Kraft gab die Mauern Jerichos mit Shofaren niederzureißen und fragte mich, welche Eigenschaften all die Menschen in der Bibel haben, die Gott gefallen. Die Antwort fand ich nach einigen Tagen Bibellesen und Gebeten: Sie alle haben einen festen Glauben an Gott und vertrauen Ihm bedingungslos.

Nachdem ich das verinnerlicht hatte, nahm ich all meinen Mut zusammen, ging spazieren und fragte Jesus unter Seinem weiten Himmel, ob Er mich liebt.

Ja, ich brauchte Mut, denn plötzlich stieg Angst in mir hoch, dass Er mich nicht lieben würde. Oder, dass diese Frage aus Unglauben herausgestellt sei. Ich wehrte mich gegen diese Gedanken und stellte meine Frage.

Ich sagte, dass ich mich nach einem Wort der Bibel sehnte, das mir gelte, und der Heilige Geist öffnete mir während der folgenden Schritte im Spaziergang Sein Wort.

Gott der Vater, Gott der Sohn und der Heilige Geist sind phänomenal, denn ich erhielt als Antwort das Buch Ruth, Kapitel 2.

8 Da sprach Boas zu Ruth: Hörst du, meine Tochter? Du sollst auf keinen anderen Acker gehen, um aufzulesen; und begib dich auch nicht weg von hier, sondern halte dich da zu meinen Mägden. 9 Dein Auge sei auf das Feld gerichtet, wo sie schneiden, und geh hinter ihnen her! Habe ich nicht den Knechten geboten, dass dich niemand antasten soll? Und wenn du Durst hast, so geh hin zu den Gefäßen und trinke von dem, was die Knechte schöpfen!

Ich bekam die Bestätigung für Boas Jesus und für Ruth meinen Namen einzusetzen. Verstehen Sie, warum ich unendlich gerührt war?

Die Mauer lag vor mir in Trümmern! Es gab keine Trennung mehr zu Gott.

Das war der Moment, in dem ich verstand: Die Bibel ist Gottes Wort und ist für Gottes Kinder geschrieben!
Wenn wir Ihn fragen, erhalten wir von Ihm eine Antwort. Fragen wir nicht Ihn, sondern Menschen, ist jede Antwort ohne festen Grund und meist auch eine trügerische.

Ein Vorschlag: Lesen Sie das Kapitel 2 mit Ihrem Namen.

Jesus nennt uns Töchter, wir richten unsere Augen auf Seinen fruchtbaren Acker, nicht, wo die Dornen wachsen, nicht am Wegesrand und nicht am Felsen. Nein, mitten im fruchtbaren Gebiet. Wir gehen in den Wegen der Apostel und Propheten vor uns. Wir lesen auf, was andere stehen lassen. Und wenn wir durstig sind, bitten um lebendiges Wasser, denn Jesus führt uns zu stillen Wassern.

Ist das nicht großartig?

Schauen Sie sich einen Sternenhimmel an, es ist doch faszinierend, wie diese Lichtpunkte von Gott geschaffen und an das Firmament gehängt wurden. Dort hängen sie seit Jahrhunderten so unverändert, dass sich viele Weise der Welt und Seefahrer, an ihnen orientierten. Jeder Stern ist mit Namen bei Gott bekannt und bleibt an seinem Platz auf die Stunde und Sekunde genau, bis Gott ihnen Befehl gibt, herabzufallen.

... und die Sterne des Himmels werden herabfallen und die Kräfte im Himmel erschüttert werden. (SLT)

Dieser Vers stammt aus dem Evangelium nach Markus, Kapitel 13, und ist in den Versen 24-27 in die Rede Jesu über Seine Wiederkunft eingebettet.

Die Sterne sehen schön aus und setzen sich von dem dunklen Nachthimmel ab, aber sie verdrängen ihn nicht. Sie ergänzen ihn vielmehr und machen die Nacht nicht so gruselig.

Das erste Licht am Morgen – ich meine jenes, dass man kaum wahrnimmt und für eine Sinnestäuschung hält, gewinnt stetig an Kraft und verdrängt binnen Minuten die finsternis.
Wenn ein Christ nur so hell glaubt, wie das erste Licht am Morgen, muss die finsternis fliehen.

Damit schlage ich einen Bogen zur Waffenrüstung Gottes, die wir am Anfang gemeinsam angelegten.

Gibt Jesus uns denn ein Holzschwert, um gegen den feind anzutreten? Mit Nichten!
Er gibt uns Sein Schwert!

Ergreifen Sie das Schwert erneut und beten Sie die Wahrheiten Gottes über sich aus!
Sie sind schließlich kein Zufallsprodukt aus verschiedensten Umständen, sondern gewollt, geliebt und hoffentlich sicher gerettet!

Deine Hände haben mich gemacht und bereitet; (Ps. 119,73 SLT)

Wenn Sie in Christus sind und mit Geist und Wasser getauft sind, gilt diese sensationelle Aussage für Sie.

Wenn Sie in Christus sind ...

... so ist er eine neue Schöpfung; das Alte ist vergangen; siehe, es ist alles neu geworden! (2.Kor. 5,17)

Verinnerlichen wir uns diese Wahrheit und jubeln gemeinsam zu Gott für Sein wunderbares Wohlwollen zu uns.
Wiederholen Sie diesen Vers bitte erneut, denn, wie beim Lernen von Vokabeln, verinnerlichen wir die Wahrheiten Gottes, indem wir sie wiederholen.

Ich bin eine neue Schöpfung! Das Alte ist vergangen! Alles ist neu! Ich bin neu in Christus!

Was immer Sie für ein Selbstbild im Laufe der Jahre angenommen haben, Gottes Gedanken über Sie sind schöner und wunderbarer, als Sie sich vorstellen können. Es geht nicht darum, wie Sie sich selbst oder andere Sie sehen, sondern wie Gott Sie sieht.

Haben Sie Jesus schon einmal gefragt, wie Er Sie sieht?
Nur Mut. Sie werden positiv überrascht sein.

Hier habe ich Ihnen einige Bibelstellen aufgeführt, die Ihnen helfen, Ihre Identität in Christus zu erkennen. Bitte sehen Sie diese Auflistung nicht als vollständig an, sondern als Einstieg in die grandiosen Verheißungen unseres Schöpfers und Retters in Jesus Christus.

Diese sind in der Erste-Person-Perspektive geschrieben. Aus der Schulzeit kennen Sie das bestimmt noch als Ich-Form, und ich finde, das erleichtert das persönliche Gebet und schafft eine großartige Nähe zu Gott in Jesus.

Joh. 1,12 - Ich bin Gottes Kind
Joh. 15,15 - Ich bin Gottes Freund
Röm. 5,1 - Ich bin gerechtfertigt
1.Kor. 6,17 - Ich bin ein Geist mit Ihm
1.Kor. 6,20 – Ich bin freigekauft und gehöre nun zu Gott
1.Kor. 12,27 – Ich bin ein Glied am Leib von Jesus Christus
Eph. 1,1 – Ich bin ein Heiliger
Eph. 2,18 – Ich habe durch den Heiligen Geist direkten Zugang zum Vater in einem Geist
Kol. 1,14 – Ich bin erlöst und mir ist vergeben
Kol. 2,10 – Ich habe Anteil an der Fülle in Christus
2.Kor. 5,20 – Ich bin Botschafter auf Erden an Christi statt
2.Kor. 5,21 – Ich bin die Gerechtigkeit Gottes auf Erden

Einen Punkt möchte ich besonders hervorheben, denn der ist sensationell und wichtig für uns zu verstehen. Lesen wir nochmals den Vers aus 2.Kor. 5,21.

Denn er hat den, der von keiner Sünde wusste, für uns zur Sünde gemacht, damit wir in ihm [zur] Gerechtigkeit Gottes würden.

Jesus wurde für uns zur Sünde.

Was bedeutet dieser Vers?
Jesus wurde völlig mit unserer Sünde ausgefüllt und hat alle Konsequenzen, die wir hätten tragen müssen, auf sich genommen.
Jesus trug unsere Sünde. Ihre und meine.

Er hat Sich bewusst mit uns und unserer Sünde eins gemacht. Er trat an unsere Stelle, deshalb schrieb ich bereits in vorangegangenen Kapiteln: Jesus ist das Heilmittel der Sünde.
Er ist vollkommen gerecht und vollständig sündlos, stellt Sich vielmehr freiwillig für alle Menschen zur Verfügung, um unsere ganze Sünde in Sich aufzunehmen.

Das macht nur jemand, der unvorstellbar groß liebt. Die Tiefe und Höhe und Breite und Länge dieser Liebe erfassen wir in diesem weltlichen Leben wohl nie. Aber wir dürfen sie annehmen.

Lesen wir den Vers weiter. Jesus war ohne jede Sünde, wurde aber für uns zur Sünde gemacht, damit wir verwandelt werden - zur Gerechtigkeit Gottes!
Jesus wurde an unserer Stelle zur Sünde, damit wir zur Gerechtigkeit würden – nicht etwa irgendeine menschliche Art von Gerechtigkeit – Nein! Gottes unermessliche Gerechtigkeit.

Das ist das Erlösungswerk am Kreuz, dass jeder Mensch annehmen darf. Gott will sogar, dass wir es annehmen, also tuen wir es auch!

Lassen Sie uns die Bibel jeden Tag nach der Liebe und Wahrheit Gottes zu uns durchforschen, geben wir Ihm die Ehre, indem wir annehmen, wie Er uns sieht und tun, was Er von uns erwartet!

Denn nicht mit ihrem Schwert haben sie das Land gewonnen, und nicht ihr Arm hat ihnen geholfen, sondern deine rechte Hand und dein Arm und das Licht deines Angesichts; denn du hattest Wohlgefallen an ihnen. (Ps. 44,4)

Wenn wir in allen Dingen Jesus fragen, dann verhalten wir uns genau wie die Männer und Frauen der Bibel, die Gott liebt und kennt.

Denken Sie an Hiob, er kennt das Gesetz nicht, denn das gibt es zu seiner Zeit noch nicht. Trotzdem gilt er vor Gott als gerecht. Warum? Weil er glaubt und Buße tut.

Noah gilt vor Gott als gerecht, auch zu seiner Zeit ist das Gesetz noch nicht aufgeschrieben. Warum liebt Gott ihn so sehr, dass er ihn und seine Familie als einzige vor der Sintflut rettet? Weil er glaubt und Gottes Anweisung die Arche zu bauen, einfach umsetzt. (Gen. 6, 8-22)

Abraham ist von Gott geliebt und als Patriarch auserwählt. Gott verheißt ihm einen Sohn und schließt einen Bund mit ihm. Nachdem Isaak geboren ist, fordert Gott eine Glaubensprüfung und verlangt die Opferung seines Kindes.
Dafür geht Abraham mit seinem Sohn drei Tage lang zum Berg Morija – das ist der Berg Zion in Jerusalem – um zu tun, was Gottes Wille ist. Abraham hat Gott in so vielen aussichtslosen Situationen bereits erlebt, sprach mit Ihm und vertraut Ihm so sehr, dass er nicht zögert. (Gen. 17-22)

Ruth ist eine moabitische Götzendienerin und Schwiegertochter der Naemi. Nachdem ihr Schwiegervater, Ehemann und Schwager verstarben, beschließt ihre Schwiegermutter zurück nach Bethlehem zu gehen. Ruth kennt den Gott der Himmel und der Erde allein aus den Erzählungen ihrer angeheirateten Familie. Doch ihr Glauben ist so groß, dass sie Naemi in ihre Heimat begleitet. Dieser Satz bezeugt Ruth wahren Glauben:

Aber Rut sagte: Dringe nicht in mich, dich zu verlassen, von dir weg umzukehren! Denn wohin du gehst, ⟨dahin⟩ will ⟨auch⟩ ich gehen, und wo du bleibst, da bleibe ⟨auch⟩ ich. Dein Volk ist mein Volk, und dein Gott ist mein Gott. (Rt. 1,16 ELB)

Seien wir einfach Jünger Jesu und hören allein auf Ihn und führen Seinen Willen aus!
Amen!

Kühnheit im Glauben

Jesus Christus, mein Gott und König, es ist Dein Wille, dass ich schreibe, so bitte ich Dich um Einsicht und Weisheit und um Deine Gedanken, damit die Worte dieses Buches mit Deiner Kraft versehen und in die Herzen vieler Menschen sprechen. Nutze mich, als einen Schlauch, durch den Du fließt. Du fragst: „Wen soll ich senden?"
Ich antworte: „Sende mich! Was Du willst, will ich auch und was Du nicht willst, will ich auch nicht."
Deine Gnade umgibt mich, wie ein Schild, wer könnte mir etwas tun, wenn Du mich hälst? In Dir berge ich mich bei Tag und Nacht! Amen!

Mit diesem Gebet fängt jedes Kapitel an. Das ist die grundsätzliche Einstellung meines Glaubens. Sie war mir nach meiner Rettung ins Herz geschrieben, aber im Laufe der Monate erlag ich der Annahme, ich könnte eine Abkürzung nehmen und stapfte durch unsicheres Terrain. Dank sei JHWH, Der mich sicher wieder hinausführte und mich zurück auf Seinen Weg dirigierte.
Heute bin ich dankbar für die durch Jesus gesicherten Eigenwilligkeiten meiner Eskapaden, denn sie machen mich kühn und demütig zugleich.

Kühn, weil ich meine Identität in Christus kenne und demütig, weil ich ebendiese kenne und, ohne dieses Bewusstsein in Gott, arrogant und gleichzeitig kraftlos bin. Aber das war nicht immer so.

Ich ging durch einige Lektionen, um an den heutigen Punkt zu gelangen.
Eine Situation möchte ich Ihnen schildern, die exemplarisch für einige andere steht.

Niedergeschlagen und wütend gehe ich über den Marktplatz. Im Schaufenster neben mir spiegelt sich die junge Frau, mit der ich vor wenigen Augenblicken noch sprach. Sie blickt mir nach und ich sehe ihren Mund bewegen. Kopfschüttelnd frage ich mich, wie sie nur so engstirnig sein kann und auf ihrer offensichtlich falschen Meinung beharren kann. Ich halte inne und fühle mich schäbig, weil ich sie so angegangen habe. Also kehre ich um und entschuldige mich in der Hoffnung, das Gespräch neu zu beginnen. Doch meine Bemühungen scheitern, und wir gehen auseinander.

Während ich über meinen Fehler nachsann, fiel mir auf, dass ich schon beim ersten Mal kraftlos auf sie zuging.
Ich erklärte ihr aus Stolz heraus, dass sie an einem falschen Gottesbild festhält, war aber selbst ohne Gott unterwegs.

Ich ließ mich zu der Zeit von Predigern aufheizen zu evangelisieren, und suchte mir gezielt andere Missionare von bekannten Glaubensorganisationen aus. Das endete nicht selten in regelrechten Argumentationen, weil ich unbedingt recht behalten wollte und merkte lange nicht, dass ich so nicht den Willen des Vaters vollbrachte, sondern mich zu einer Marionette des satan machte, was ich doch unbedingt vermeiden wollte.

Ich musste einsehen, dass ich so dem feind zuhörte und meinem eigenen Stolz nährte.

Es gibt scheinbar ein Potpourri an Wahrheiten und, wenn jemand die eine, für sich passende gefunden hat, will man sie auch verteidigen, alles andere wäre ein Eingeständnis, dass man sich getäuscht hat. Welches Ego macht das so einfach mit?

An dieser Stelle merken Sie sicherlich schon, dass ich noch einmal auf *sich selbst verleugnen* zurückkomme, denn das ist ein wichtiger Aspekt im Glauben.

Wir gefallen Gott nur, wenn wir immer wieder bereit sind, unsere Ansichten und Traditionen zu überdenken. Ein gesundes Maß an Selbstreflexion ist notwendig, um Irrlichter zu erkennen. Wer aber seinen Gemeindeleiter vehement verteidigt, oder einer bestimmten Menschenlehre unflexibel anhängt, lebt unter Umständen einen Glauben mit verhängten Scheuklappen.

Sehen wir die Möglichkeit zur Reflexion als Chance und danken Gott für die Gelegenheit.

Gott will nicht, dass Seine Jünger sich in Argumentationen verstricken und sich womöglich streitsüchtig an anderen abarbeiten, sondern in Liebe anderen von Seiner Gnade und der Notwendigkeit der Buße erzählen.

Ich habe gelernt, dass es wichtig ist, das ganze Evangelium zu vermitteln, aber nicht mit einem erhobenen Zeigefinger.

Damit erreichen Christen keine Herzen; stattdessen spielen sie Kritikern in die Hände, die den christlichen Glauben eh schon als übergriffig und egoistisch empfinden.

In meinen Augen ist es elementar, jeden Menschen dort abzuholen, wo dieser sich in dem Moment befindet. Dabei kommt es nicht auf den Ort der Evangelisation an, es kommt vielmehr darauf an, die Kraft Gottes in einem innigen Gespräch und Gebet zu zeigen und zu erleben, und nicht mit der Verdammniskeule zu drohen. Das bisher kraftvollste Erlebnis habe ich im Eingangsbereich eines Supermarktes erlebt. Am Ende dieses Kapitels habe ich es aufgeführt.

Über Stolz in seinen möglichen Erscheinungen schreib ich bereits öfter. Dieses Kapitel möchte ich einer Gebetseigenschaft widmen, die wir uns zu Eigen machen sollten: Die Kühnheit! Die Vorstellung der sich stärkenden Waffenrüstung ist keine Wunschvorstellung, sondern das Resultat eines kühnen Gebetes. Warum? Weil eine kräftige Portion Kühnheit im Gebet den Beter aus der Passivität herausholt.
Nach meiner Definition ist Kühnheit die feste Überzeugung, dass das Erbetene bei Gott Gehör, Gefallen und Zustimmung findet. Wir beten kühn in der unumstößlichen Hoffnung auf die Kraft Gottes.

Für *kühn* kann man ruhigen Gewissens ebenfalls *mutig*, *beherzt* oder *couragiert* verwenden. Das sind die Eigenschaften, der gottgefälligen Männer in den folgenden Beispielen.
Denken Sie an David, der als Heranwachsender von seinem Vater zu den Brüdern ins Lager gesandt wurde, um ihnen etwas zu Essen zu bringen.

Isai aber sprach zu seinem Sohn David: Nimm doch für deine Brüder dieses Epha geröstetes Korn und diese zehn Brote und bringe sie schnell zu deinen Brüdern ins Lager. (1.Sam. 17,17 SLT)

Der Philister Goliath verhöhnt das Volk Israel und fordert sie auf, einen Kämpfer aus ihrer Mitte herauszulösen, der gegen ihn kämpfen soll. Ein ungleicher Kampf, denn Goliath ist etwa drei Meter fünfzig hoch und wiegt entsprechend viel. Seine Rüstung ist

fest und er ist ein erfolgreicher Krieger. Von Charakter will ich bei
Goliath nicht sprechen, er nimmt niemanden ernst, als nur sich
selbst. Die Krieger Israels fürchten sich und niemand will gegen
ihn kämpfen.

David ist das Gegenteil von Goliath. Er ist jung, wesentlich kleiner
und ein Hirte. Aber David ist kühn und voller Gottvertrauen und
das ist die Eigenschaft, auf die es ankommt.

So wie David damals stehen auch wir in unserem Glaubensweg
manches Mal vor unserem persönlichen Goliath. Dieser Kampf ist
ebenfalls ungleich; denn wir stehen einem feind gegenüber, den
wir nicht sehen und der sechstausend Jahre Kampferfahrung hat.
Ist das ein Grund ängstlich zu sein? Nein! Verzagen wir nicht, sondern lesen, was David tut.
David zieht sich keine Rüstung an, er bleibt, wie er ist, er nimmt als
Waffe seine Schleuder und sucht sich fünf Steine von dem dortigen
Boden aus. Goliath ist nicht mehr geworden, als er David sieht,
und verhöhnt ihn. Er denkt, er hätte leichtes Spiel. Er unterschätzt
David! Und er unterschätzt Davids Gottvertrauen!

So denkt der feind auch über uns.

Kühn eilt David auf Goliath zu und schwingt die Schleuder. Gott
führt den Schlag und die Flugbahn. Aus diesem Grund hat der
Stein die ungeheure Kraft durch die Stirn Goliaths zu dringen.

46 Am heutigen Tage wird dich der HERR in meine Hand fallen lassen, dass ich dich erschlage und dir den Kopf abhaue; und (deinen
Leichnam und) die Leichen des Philisterheeres werde ich noch
heute den Vögeln des Himmels und den wilden Tieren des Landes

übergeben, damit alle Welt erkennt, dass Israel einen Gott hat! 47 und alle, die hier versammelt sind, sollen erkennen, dass der HERR nicht Schwert und Spieß braucht, um den Sieg zu schaffen; denn der HERR hat die Entscheidung im Kampf, und er wird euch in unsere Hand geben! (1.Sam. 17,46-47 MENG)

Das nenne ich wahrlich kühn.
Verstehen Sie, nicht David besiegte Goliath aus eigener Kraft, sondern Gott nutzte David, um Sich zu verherrlichen und zu zeigen: Mit Ihm ist kein Kampf aussichtslos!

Gott nutzt auch heute die Waffen, die Er nutzen will, um dem heutigen *System Welt* zu zeigen, dass es Ihn gibt und, dass Er derselbe damals und heute und auch morgen ist!

Besiegen wir den feind in der Kraft Gottes, genauso, wie David den Riesen Goliath!

Denken Sie an Gideon, der den Weizen ausklopft und ihn vor einer möglichen Plünderung verstecken will, als der Engel des Herrn, also Jesus selbst, ihn anspricht und als tapferen Held bezeichnet.

Diesem erschien also der Engel des HERRN und redete ihn mit den Worten an: »Der HERR ist mit dir, du tapferer Held! (Ri. 6,12 MENG)

Gideon ist erstaunt und weiß nicht damit umzugehen, deshalb fragt er verwundert, wo den Gott die ganze Zeit war, als es den Israeliten so schlecht erging. Das ist eine Frage, die auch heute oft gestellt wird, nicht wahr? *Warum lässt Gott so viel Leid zu?* oder *Wo ist denn Gott?*

Jeshua geht nicht weiter darauf ein, sondern wendet sich Gideon zu und sagt ...

Gehe hin in dieser deiner Kraft und rette Israel aus der Gewalt der Midianiter! Ich sende dich ja! (Ri. 6,14 MENG)

Gideon kann nicht glauben, was er hört, und fordert ein Zeichen von Gott, dass Er es auch wirklich ist. Ich persönlich hielt das immer für arrogant, denn wenn Gott etwas sagt, dann muss man es tun, nicht wahr? Nun gestehe ich Ihnen offen, ich kann Gideons Verhalten nachvollziehen. Auch ich fragte Jesus im Gebet mehrfach, ob dieses Buch wirklich Sein Wille sei, deshalb schrieb ich Ihnen mein Gebet.

Gideon geht mit dreihundert Mann gegen das zahlreiche Heer, dass ...

... so zahllos wie Heuschreckenschwärme, und die Menge ihrer Kamele war unzählbar wie der Sand am Gestade (Ri. 7,12 MENG)

entgegen und teilt seine Männer nach einem Traum in drei Gruppen auf. Jeder von ihnen trägt lediglich eine brennende Fackel in einer Amphore und ein Schofar.

Der siegreiche Überfall beginnt:

19 Als nun Gideon mit den hundert Mann, die seine Abteilung bildeten, bei Beginn der mittleren Nachtwache – soeben hatte man die Wachen aufgestellt – unmittelbar vor dem Lager angekommen war, stießen sie in die Posaunen und zerschlugen die Krüge, die sie in der Hand hatten; 20 und zwar stießen die drei Abteilungen

gleichzeitig in die Posaunen und zerschlugen die Krüge, nahmen dann die Fackeln in die linke Hand und die Posaunen in die rechte, um hineinzustoßen, und schrien: »Schwert für den HERRN und für Gideon!« 21 Dabei blieben sie ein jeder ruhig an seiner Stelle rings um das Lager herum stehen. Da geriet das ganze Lager in Bewegung, alles schrie und suchte zu fliehen; 22 als jene dann aber in die dreihundert Posaunen stießen, richtete der HERR das Schwert eines jeden gegen den andern, und zwar im ganzen Lager, und das Heerlager floh bis Beth-Sitta nach Zerera hin, bis an das (Jordan-) Ufer von Abel-Mehola bei Tabbath. (Ri. 7,19-22 MENG)

Die Kühnheit Gideons liegt darin, dass er Gott vertraut. Auch hier sucht sich Gott Seine Waffen selbst aus und schenkt Gelingen. Das dürfen wir ebenfalls erhoffen, wenn wir couragiert unseren Glaubenslauf voranschreiten.

Als letztes Beispiel möchte ich nochmals Mose aufgreifen, der sich am brennenden Dornbusch sehr ziert und seine Aufgabe nicht annehmen will. Gott muss ihn regelrecht überzeugen und wird am Ende des Dialogs über die falsche Demut, die Moses Stolz überdecken sollte, sogar zornig.

Da entbrannte der Zorn des HERRN gegen Mose, und er sagte: »Ist nicht dein Bruder Aaron da, der Levit? Ich weiß, daß der trefflich zu reden versteht; auch ist er schon im Begriff, dir entgegenzugehen, und wenn er dich sieht, wird er sich herzlich freuen. (Ex. 4,14 MENG)

Gideon fordert auch Zeichen, aber Mose will gar nicht. Aber, wenn Gott einen Menschen für einen Seiner Siege auserkoren hat, dann sollte man sich nicht wehren. Das will doch eigentlich auch niemand. Es ist ein Unterschied zwischen Nachfragen, ob der Auftrag wirklich von Gott kommt, und ob man diesen richtig versteht; oder ob man versucht, sich vor etwas zu drücken, weil man zu viel Menschenfurcht hat.

Allerdings wächst Mose an seinen Aufgaben und führt als Höhepunkt seines Glaubensgehorsams das Volk durch das Schilfmeer. Seine Aussage zum verängstigten Volk ist sehr deutlich und ich glaube, den Vers spricht er aus fester Überzeugung und eigenem Glauben ...

Der Herr wird für euch kämpfen, und ihr sollt still sein! (Ex. 14.14 SLT)

Vielleicht sieht er den Weg golden oder ein strahlendes Licht vor sich, ganz ähnlich den Weisen, die nach Bethlehem zur Geburt Jesu zum Stall ziehen. Aber das ist Spekulation, wenngleich ich es für möglich halte.

Im Alten Testament gibt es eine Fülle an mutigen und couragierten Frauen, die alle ihre Berechtigung in diesem Kapitel hätten, aber das sprengt für dieses Buch den Rahmen. Dennoch will ich ihre Namen erwähnen.

Ruth, die moabitische Götzendienerin, die Naemi anhängt und ihr eigenes Land verlässt, um im Land Israel ein ungewisses Leben zu beginnen. – Jetzt beim Schreiben erkenne ich eine Parallele zu Mose und uns Jünger heute. Auch wir begeben uns auf einen ungewissen Weg, doch durch Gottes Wort und Verheißungen, gehen wir sicher. - Ruth glaubt an den lebendigen Gott, obschon sie Ihn nicht von Kindheit an kennt.

Esther, die jüdische Ehefrau des mächtigen König Ashasveros, die ihr Leben aufs Spiel setzt, um den Genozid ihres Volkes zu verhindern. Von ihr lerne ich, dass man im Glaubensleben Mut braucht. Mein Motto haben Sie bereits öfter gelesen: Mut tut gut.

Und Abigail, denn sie ist gottesfürchtig und tritt beherzt dem wütenden David entgegen und beugt sich vor ihm nieder, denn er hat sich fest vorgenommen, sich für die Frechheit Nabals zu rächen. (1.Sam. 25,1-35) Den weiteren Verlauf ihrer unglücklichen Ehe mit David blende ich nicht aus, erlaube mir vielmehr zusammenfassend zu schreiben: Abigail lehrt uns, dass die Ehe heilig ist, egal wie herausfordernd sie manchmal sein kann.

Im Neuen Testament gibt es zwei herausragende Beispiele für Kühnheit.

Sie kennen sicherlich die Geschichte der vier Freunde, die ihren Gelähmten Freund über das Dach zu Jesus herunterlassen.
Im Evangelium nach Markus in Kapitel 2, wird die Szene über Freundschaft, Jüngerschaft und tiefen Glauben detailliert beschrieben. Es beginnt mit Jesus, der nach Kapernaum geht, und es versammeln sich unzählige Menschen, um Ihn zu hören.

1 Als er dann nach einiger Zeit wieder nach Kapernaum heimgekommen war und die Kunde sich verbreitet hatte, dass er im Hause sei, 2 da versammelten sich alsbald so viele Leute, dass selbst der Platz vor der Tür für sie nicht mehr ausreichte; und er verkündigte ihnen das Wort. 3 Da kamen Leute zu ihm, die einen Gelähmten brachten, der von vier Männern getragen wurde. 4 Weil sie nun mit ihm wegen der Volksmenge nicht an ihn herankommen konnten, deckten sie über der Stelle, wo Jesus sich befand, das Haus-

dach ab und ließen das Tragbett, auf dem der Gelähmte lag, durch eine Öffnung, die sie hindurchgebrochen hatten, hinab. 5 Als Jesus nun ihren Glauben erkannte, sagte er zu dem Gelähmten: »Mein Sohn, deine Sünden sind (dir) vergeben!«

Lange verstand ich nicht, warum Jesus dem Gelähmten die Sünden vergibt und ihn gleichzeitig von jedem bösen Geist heilt, so dass er gesund und auf eigenen Beinen durch die Menge hinausgehen kann. Denn: Jesus schaut die Freunde an und nicht primär den Gelähmten, Er spricht auch nicht mit ihm, wie Er es in anderen Szenen, zum Beispiel am Teich von Bethesda, tut. (Joh. 5,6-7)

Was ist hier das Besondere? Es ist die Kühnheit ihres Glaubens. Es kostet die Freunde viel Kraft ihren Freund zu tragen. Dazu gibt es bestimmt viele Menschen, die die Sinnlosigkeit dieses Unterfangens betonten, und sie sicherlich verhöhnen. Aber, sie bleiben fest im Vertrauen auf Jeshua.
Das ist es, was Jesus in ihren Herzen sieht: Das ungeheuchelte Vertrauen auf Ihn. Ganz selbstlos, denn sie fordern nicht für sich selbst, sondern für einen hilflosen Freund. An ihnen will ich mir persönlich ein Beispiel nehmen. Kühn und im Vertrauen auf Jesus im Gebet vor den Thron der Gnade treten, und in den Riss für andere einstehen, die es selbst nicht können.
Im Übrigen stelle ich mir so auch die Anfeindung während des Baus der Arche vor. Was müssen die Menschen rund um Noah sich über die Absurdität amüsiert haben, als sie sehen, dass Noah ein riesiges Schiff mitten auf dem trockenen Land baut. Seine Familie ist sicherlich auch Anfeindungen ausgesetzt, vielleicht werden sie sogar boykottiert, aber das entspringt lediglich einer leisen Ahnung über menschliches Verhalten und ist biblisch nicht fundiert, außer vielleicht in Genesis, Kapitel 6, die Verse 5-6.

Als nun der HERR sah, dass die Bosheit der Menschen groß war auf der Erde und alles Sinnen und Trachten ihres Herzens immerfort nur böse war, 6 da gereute es ihn, die Menschen auf der Erde geschaffen zu haben, und er wurde in seinem Herzen tief betrübt.

Bitte lesen Sie die gesamte Szene in Genesis, Kapitel 6 und 7 selbst nach.

Als letztes Beispiel aus dem Neuen Testament möchte ich die Heilung des blinden Bartimäus aus dem Evangelium nach Markus, Kapitel 10, anführen. Jesus geht mit Seinen Jüngern nach Jericho. Eine Vielzahl von Menschen laufen zusammen, jubeln, rufen und sind begeistert von Jesus. Ein Blinder sitzt am Wegesrand und hört die Menge. Als er erfährt, dass es Jesus ist, wegen dem alle ganz aufgeregt sind, ruft er so laut er kann, denn er will unbedingt bei Gott Gehör haben. Sein Wunsch Jesus zu begegnen ist so groß und ungebrochen, dass er die Rufe und Ermahnungen der Anwesenden ignoriert und nur noch lauter ruft, als er es eh schon tut. Er muss heiser sein, die Massen zu übertönen, aber er lässt sich nicht beirren.
Jesus hört ihn und fragt, was Er für ihn tun könne. Der Mann hat nur einen Wunsch: Sehen können.
Jesus sieht seinen beherzten Glauben und die Aufrichtigkeit in seinem Wesen und heilt ihn.

46 Und sie kommen nach Jericho. Und als er von Jericho auszog samt seinen Jüngern und einer großen Volksmenge, saß ein Sohn des Timäus, Bartimäus der Blinde, am Weg und bettelte.
47 Und als er hörte, dass es Jesus, der Nazarener, war, begann er zu rufen und sprach: Jesus, du Sohn Davids, erbarme dich über mich!

48 Und es geboten ihm viele, er solle schweigen; er aber rief noch viel mehr: Du Sohn Davids, erbarme dich über mich!
49 Und Jesus stand still und ließ ihn [zu sich] rufen. Da riefen sie den Blinden und sprachen zu ihm: Sei getrost, steh auf; er ruft dich!
50 Er aber warf seinen Mantel ab, stand auf und kam zu Jesus.
51 Und Jesus begann und sprach zu ihm: Was willst du, dass ich dir tun soll? Der Blinde sprach zu ihm: Rabbuni, dass ich sehend werde!
52 Da sprach Jesus zu ihm: Geh hin; dein Glaube hat dich gerettet! Und sogleich wurde er sehend und folgte Jesus nach auf dem Weg. (Mk. 10,46-52 SLT)

Diese Szene macht mir viel Mut, beharrlich im Gebet zu sein und in Geduld zu warten, bis Gott den richtigen Zeitpunkt wählt, um das Erbetene zu gewähren.

Daraus ergibt sich ein fester Glaubensgrundsatz: Glaube und Geduld gehen Hand in Hand. Unglaube und Ungeduld ebenfalls. Seien wir also beharrlich, couragiert und beherzt, ja geradezu kühn im Gebet und gleichzeitig voller Demut und Geduld.

Kühn ist heute jeder Beter, der Geister der Krankheit bindet oder seine Familie von Flüchen befreit.

Doch dürfen wir Kühnheit nicht mit Arroganz verwechseln.
Ich berichtete am Anfang des Kapitels, worin mein Fehler in Gesprächen mit anderen lag, und stellte in der Vergangenheit fest, dass andere ebenfalls einen ähnlichen Mangel an Gottesfurcht zeigen, wie ich es tat.

Als biblisches Beispiel möchte ich eine Szene aus dem Alten Testament aufgreifen, die Sie vielleicht kennen. König Ahasja ist krank und will von Baal–Sebub, dem Gott von Ekron wissen, ob er die Krankheit überlebt oder nicht. Die Gesandten gehen, werden von Elia auf ihrem Weg abgefangen. Er ist erbost über das Vorhaben und fragt sie ...
Gibt es denn keinen Gott in Israel, dass ihr hingeht, um Baal-Sebub, den Gott von Ekron, zu befragen? (2. Kö. 1,3 SLT)

Gott ist sehr zornig über Ahasja und verheißt ihm durch Elia, dass er sterben wird. Ahasja sendet einen Hauptmann über fünfzig zu Elia und befiehlt ihm, ihn zu holen. Der Hauptmann geht und stellt sich mitsamt seinen Leuten vor Elia und fordert ihn auf, mit ihm zu gehen. Doch man befiehlt Gott nichts!

Gottes Strafe kam sofort, denn Elia antwortete dem Hauptmann ...

... über Fünfzig und sprach zu ihm: Wenn ich ein Mann Gottes bin, so soll Feuer vom Himmel fallen und dich und deine Fünfzig verzehren! Da fiel Feuer vom Himmel und verzehrte ihn und seine Fünfzig. (2.Kö. 1,10 SLT)

Man könne annehmen, dass diese eindeutige Antwort, zur Buße oder zumindest zum Überdenken des Verhaltens König Ahasjas führen sollte, aber das geschah nicht. Ahasja sandte einen zweiten Hauptmann mitsamt fünfzig Männern zu Elia, und der war noch überheblicher als der erste. Warum? Weil ...

der redete und sprach zu ihm: Du Mann Gottes, so spricht der König: Komm rasch herab! (2.Kö. 1,11 SLT)

Auch dieser wurde mit den Fünfzig mit durch Feuer aus dem Himmel verbrannt.

Ahasja muss außer sich gewesen sein, dass Elia noch immer nicht vor ihm steht, denn er schickt einen dritten Hauptmann, ebenfalls mit fünfzig Mann, zu Elia. Doch dieser kommt in Demut und erbittet Elias Mitgehen.

Als nun dieser dritte Hauptmann über Fünfzig zu ihm hinaufkam, beugte er seine Knie vor Elia und bat ihn und sprach zu ihm: Du Mann Gottes, lass doch mein Leben und das Leben deiner Knechte, dieser Fünfzig, etwas vor dir gelten! (2.Kö. 1,13 SLT)

Elia geht mit.

Daraus können wir ableiten, dass ein kühnes Gebet immer auch in Demut vor JHWH gebracht werden muss. Ansonsten ist es hochmütig und vermessen. Ein solches Gebet erhört Gott nicht.

Auch Jünger Jesus können, dürfen, ja sollen sogar kühn beten.
Ein couragiertes Gebet ist, wenn wir in der Waffenrüstung Gottes Flüche unserer Familien brechen oder für verfolgte Christen beten, indem wir Jesus bitten, sich neben jeden Einzelnen zu setzen und zu trösten. Eine mir lieb gewonnene Angewohnheit ist zum Beispiel, das Abendmahl für jeden mit einzunehmen, der es selbst nicht zu tun vermag. Oder unsere Lieben unter die Fittiche Gottes zu stellen.

Esoteriker verwenden den Begriff manifestieren, manche Christen sprechen von proklamieren, ich nenne es kühn beten. Welchen Ausdruck Sie verwenden weiß ich nicht. Wichtig ist allein: Lassen

Sie sich nicht abbringen, beten Sie weiter. Vertrauen Sie auf Jeshua und Seinen Zeitpunkt. Gehen Sie kühn weiter in Ihrem Glauben und begeistern Sie andere von Jesus.

Abschließend möchte ich Ihnen das Erlebnis mit einem älteren Herrn aus dem Supermarkt berichten. Wenn ich das nicht selbst erlebt hätte, würde ich es wohl nicht glauben, oder als kitschige Weihnachtsgeschichte abtun. So aber seien Sie versichert; es ist ein sensationelles Zeugnis über die Kraftwirkung Gottes und einer demütigen Kühnheit des Mannes und mir!

Ich fahre am Vorweihnachtstag 2023 in einen Supermarkt. Da ich kaum Lust verspüre, durch die überfüllten Gänge zu gehen, höre ich auf der Autofahrt Lobpreis.
Vor einer Wandtafel im Eingangsbereich, auf der Menschen Dinge suchen oder anbieten können, möchte ich andere mit einem Bibelvers ermutigen, zu Jesus zu beten. Ich suche einen Stift, um auf die Kärtchen zu schreiben, habe aber keinen dabei. Dafür finde in meiner Jackentasche eine selbstgestaltete Karte. Ich nehme sie und stecke sie in den *Ich Biete* Bereich. Ich rieche eine Alkoholfahne und frage mich, wer so nah neben mir steht, dass ich ihn riechen könne? Ich trete einen Schritt zur Seite und drehe mich um. Ein Mann steht eng neben mir und er fragt, was ich denn zu verkaufen hätte.
Ich: „Nichts, ich will Ihnen etwas schenken."
Er: „Was denn?"
Ich: „Den Weg ins Leben."

Der Mann bricht vor mir in Tränen aus und flüstert, dass seine Frau vor Monaten gestorben sei. Und, dass er wieder raucht und zu

viel trinkt. Er erklärt mir, dass die Einsamkeit ihn langsam auf-
frisst und er völlig am Ende sei.
Ich entschuldige mich für meine Flapsigkeit, spreche ihm mein
Beileid aus und wir stehen mitten im zugigen und belebten Ein-
gangsbereich.
Der Mann offenbart mir sein ganzes Herz und mir laufen Tränen
über die Wange. Er fragt, ob das wirklich stimme, dass es Jesus gibt
und ich bejahe.
„Und Sie glauben wirklich daran?", fragt er.
„Ja!", bestätige ich.
Er berichtet, dass er von allen Menschen enttäuscht sei und bereue
seine Fehler im Leben.
Auf alles, das er beklagt, kann ich ihn mit einem Bibelvers trösten.
Je länger wir reden, desto mehr öffnet er sich und zeigt mir ge-
meinsame Bilder seiner Frau und sich selbst.
Ich bete für ihn, und wir beten das *Vater Unser* gemeinsam. Er berichtet mir, dass er, seit seine Frau verstorben sei, jeden Abend beten würde, und er schaut mich an und flüstert, dass seine Gebete
noch nie erhört wurden.
Ich antworte ihm: „Doch. Sie wurden erhört. Wir stehen hier zusammen und heute Abend erhalten Ihre persönliche Antwort."
Der Glanz kehrt in seine Augen zurück. Er fragt, was ich gemacht
hätte, und ich antworte, dass ich das sage, was Gott will.
Er lächelt mich an und sagt, dass er Kraft und Mut verspürt. Er beschreibt mir, dass er sich fühle, als ob Strom durch ihn fließen würde.

Er lächelt mich an und bedankt sich, dass er mir sein Herz aus-
schütten durfte, und ist ganz verwundert, dass ich so klar und
deutlich über Gott spreche. Er fragt, ob ich Pfarrerin sei und, ob ich
für meine Hilfe Geld verlangen würde. Ich erkläre ihm, dass ich

Christin bin, weil ich Jesus folge und Menschen von Jesus erzähle, damit sie den Weg zu Ihm finden.

Er sagt, dass er mich gar nicht ansprechen wollte, aber einen inneren Drang verspürte, zu mir zu gehen.

Wir haben beide Tränen in den Augen und freuen uns über unsere Begegnung und das Zeugnis, welches wir nun gemeinsam haben.

Der Mann glaubte bereits unbemerkt, und betete beharrlich um Gehör bei Gott und bekam ein ermutigendes Gespräch.
Daran sehen wir, dass nicht das rhetorisch perfekte oder lange Gebet vor Gott Gefallen findet, sondern das aufrichtige.

Ist das nicht eine phänomenale Gewissheit?

Der eigene Wille

Haben Sie sich schon einmal vergegenwärtigt, welche Kraft der eigene Wille hat?

Von Sportlern habe ich in Interviews gehört, dass sie den unbedingten Willen zum Sieg haben. In ihrem Denken gibt es keinen zweiten Platz, nur den ersten.
Erinnern Sie sich bitte an Paulus, der den eigenen Glaubenslauf mit einem Wettkampf verglich.

1.Kor. 9.24 Wisst ihr nicht, dass die, welche in der Rennbahn laufen, zwar alle laufen, aber einer den Preis empfängt? ...

So soll auch unser Wille ausgerichtet sein: Auf den Sieg und den Einzug in den Himmel. Dafür müssen Christen ihren eigenen Willen immer wieder auf den unseres Gottes ausrichten und *All-in* gehen.

... Lauft so, dass ihr ihn erlangt!

Nehmen wir Paulus' Aufforderung ernst.

Dieses Kapitel möchte ich unserem freien Willen widmen, denn ich habe den Eindruck, über ihn gibt es zwar etliche philosophische und wissenschaftliche Abhandlungen, allerdings deutlich weniger biblisch fundierte.

Jeder Mensch, von Adam an, wird von Gott, dem Schöpfer, mit dem freien Willen beschenkt.

Auch wir haben einen und dürfen ihn nutzen. Entweder zu Gottes Wohlgefallen oder unserem eigenen. Wir haben den Willen zu entscheiden, ob wir demütig zu Gott gehen, oder auf unserem Podest stehenbleiben.

Erinnern wir uns noch einmal an die törichten Jungfrauen, die von ihrem Bräutigam nicht gekannt wurden. Sie sind zur rechten Zeit am rechten Ort, aber das Entscheidende fehlt ihnen.

Oder an Kain, der wohl weiß, dass Gott ein Opfer fordert, aber sein liebloses nicht ansah.

Auch an Esau, dem ein voller Magen wichtiger ist als sein Geburtsrecht.

Ebenso an Lots Frau, die sehnsüchtig in die Welt zurückblickt, obgleich sie eigentlich gerettet ist, sich aber für ein gottloses Leben entscheidet.

Sowie an Judas Iskariot, der Jesus kennt, Ihn aber nicht in sein Herz aufnimmt.

Und zuletzt möchte ich König Saul aufzeigen, der von Gott als König über Israel gesetzt ist und nicht gottesfürchtig handelt.

Was haben all diese Menschen gemeinsam?

Sie alle sind Berufene, aber selbstverschuldet schlagen sie ihre Auserwählung selbstständig aus. Sie haben sich gegen Gott und Seine Rettung entschieden. Es reicht eben nicht Traditionen fortzuführen und das Herz dabei vor Dem zu verschließen, Der doch alles gegeben hat.

Auch heutige Christen stellen Menschenlehre über Gotteslehre und laufen somit in die ernste Gefahr lau zu werden. Doch noch ist Gnadenzeit und Gott ist bereit, jedes bußbereite Herz mit Freuden aufzunehmen!

Sie kennen sicherlich die Bibelstelle aus Matthäus 22, Vers 14 ...

Denn viele sind berufen, aber wenige sind auserwählt! (SLT)

Hier handelt es sich um den Abschluss Vers aus dem Gleichnis des Hochzeitsmahls.
Der König lädt zu dem Hochzeitsmahl ein, bereitet alles vor und wundert sich, dass niemand erscheint. Die Geladenen haben alle besseres zu tun. Der König ist erbost und schickt seine Diener hinaus, um die Unedlen und Schmutzigen, bösen und Verachteten von der Straße holen. Sie dagegen freuen sich sehr und begleiten die Diener mit großer Freude.
Um zum Mahl einzugehen, gibt der König Hochzeitsgewänder.
Sie merken schon die Parallele; der König kleidet seine Gäste neu ein.
Gott gibt jedem Wiedergeborenen weiße Kleider.
Das phänomenale ist: Auch wir dürfen sie im Gebet heute schon anziehen.

Ich rate dir, dass du Gold von mir kaufst, das im Feuer geläutert ist, damit du reich werdest, und weiße Kleider, damit du sie anziehst und die Schande deiner Blöße nicht offenbar werde, und Augensalbe, deine Augen zu salben, damit du sehen mögest. (Off. 3,18 LUT)

Beten wir gemeinsam kühn und dankbar, die weißen Kleider aus der Hand Jesu zu nehmen und sie in diesem Moment anzuziehen.

Das ist ein Teil der Aufforderung Jesu unsere Identität in Christus anzunehmen!

Warum fällt es vielen so schwer den Ruf zu hören? Weil sie abgelenkt, und mit der eigenen Nabelschau beschäftigt sind. Das kann jeder erdenkliche Götze sein: Krankheit, Gesundheit, Tiere, Religion, Fitness, Arbeit, Politik, Klima und viele mehr. Einfach alles, was uns von Gott fernhält. Die Liste an Götzen ist so individuell, wie der Mensch selbst.

Ich will folgendes deutlich herausarbeiten:

Unsere durch den freien Willen begründete Freiheit Dinge selbst zu entscheiden, hat ihren Lohn!

Gott will, dass wir Ihn wollen!
Aber ob wir Ihn wollen, dürfen wir selbst entscheiden!

Entscheiden wir uns vollkommen für Ihn, also Jesus als Gott, werden wir zum Hochzeitsmahl eingeladen; ist jemand nur augenscheinlich gottesfürchtig, so ist der Lohn die ewige Verdammnis.
Das Entsetzen wird über alle Maße groß sein, wenn ein Mensch vor JHWH steht und erkennt, dass seine eigene Widerspenstigkeit oder die Hörigkeit an menschliche Traditionen ihn in die Hölle bringen wird.
Das wünsche ich niemanden, deshalb schreibe ich dieses Buch. Ich möchte jeden aufrütteln und jedem der dies liest klarmachen, dass es weniger wichtig ist, was man heute in der Freizeit veranstaltet, als vielmehr Gott zu suchen beziehungsweise sich im Gebet Ihn zu nähern.

Zu erkennen, dass das eigene Herz einen Menschen betrügt, ist eine herbe Erkenntnis, aber einmal gewonnen, rettet sie das eigene Leben.

Gott sieht in unser Herz und lässt sich nicht spotten, so sollte jeder sich immerwährend prüfen, ob man noch klar bei JHWH steht.
Das gilt für mich ebenso wie für jeden anderen. Wie könnte ich mich da raus nehmen?, bin ich schließlich selbst ein Mensch und anfällig für Schmeicheleien.

Sie ahnen nicht, wie angegriffen ich zu der Zeit dieses Kapitels bin und wie herausfordernd die Lektionen sind, die ich erfahre. Das zeigt mir, wie wichtig es ist weiterzuschreiben. Zudem lerne ich, dass Paulus' Vergleich von Glaubenslauf und Wettkampf realistisch ist.

Die Verse 7 und 8 aus dem Brief an die Hebräer aus Kapitel 3 gilt für jeden Menschen heute, genauso wie zu jeder vorangegangenen Zeit. Und er formuliert ihn knapp und deutlich ...

Deshalb, wie der Heilige Geist spricht: Heute, wenn ihr seine Stimme hört, 8 verstockt eure Herzen nicht ...

Warum sagt der Autor das? Haben wir doch in Matthäus 22 gelesen, dass zwar viele berufen, aber nicht alle auserwählt sind.
Ist das ein Widerspruch?
Nein, auf den ersten Blick könnte man zwar in dem Vers eine gewisse Bestimmung Gottes über uns erkennen, doch dem ist nicht so.
Jeder Mensch ist in Liebe von Jeshua geschaffen und hat mehrere Möglichkeiten in seinem Leben sein persönliches Ticket zur Hochzeit des Lammes einzulösen. Wer eine Einladung zum Hochzeitsmahl in der Hand hält, diese aber nicht einlöst, nimmt nicht an der Hochzeit teil.

Wer an der Startlinie steht, aber nicht losläuft, kommt nicht ans Ziel!
Wie ich bereits schrieb, will Jesus Christus jeden Menschen retten, denn Er hat keinen Gefallen an dem Tod der Gottlosen.
Und doch vermag Jesus, dem allein alle Macht im Himmel und auf Erden gegeben ist (Mt. 28,18) Menschen in die Hölle zu verbannen.

Es ist unser freier Wille in das himmlische Jerusalem, oder in die Hölle zu gehen. Mit anderen Worten heißt das, es ist eines jeden Menschen eigener Entschluss in das höllische Feuer zu gehen.

Die Feiglinge aber und die Ungläubigen und mit Gräueln Befleckten und Mörder und Unzüchtigen und Zauberer und Götzendiener und alle Lügner – ihr Teil wird in dem See sein, der von Feuer und Schwefel brennt; das ist der zweite Tod. (Off. 21,8 SLT)

Trotz aller aufkeimender Furcht und Kritik an der Härte des Wortes, ist das eine insgesamt frohe Botschaft.
Um genau zu sein, ist das die beste Botschaft ever!

Warum? Weil jeder die Möglichkeit hat, dem Feuer zu entgehen. Wie? Durch den Glauben an Jesus Christus, Taufe, Buße tun und ein gottesfürchtiges Leben, nach innen und außen, für Gott zu führen.

Der Pharao aus dem Buch Exodus ist ein Paradebeispiel für den freien Willen und die Entscheidung sich gegen Gottes Anweisung zu stellen.

Dieser Pharao weiß nichts von Joseph und der Gunst, die das Volk Israel bei seinen Vorgängern hatte. Ihm sind sie ein Gräuel und er fordert von den hebräischen Hebammen die Erstgeborenen Söhne in den Nil zu werfen, damit sie sterben.

Da gebot der Pharao seinem ganzen Volk und sprach: Werft alle Söhne, die [ihnen] geboren werden, in den Nil; aber alle Töchter lasst leben! (Ex. 1,22 SLT)

Er regiert grausam über die Hebräer und knechtet sie hart. Wir lesen in Kapitel 2, dass Mose überlebt und von der Tochter des Pharaos aufgezogen wird. Mose weiß um seine Herkunft und erschlägt einen Aufseher. Da er gesehen wird, flieht er nach Midian und heiratet Zephora. In Kapitel 3 lesen wir von der wundersamen Namens Offenbarung JHWHs im brennenden Dornbusch und den Auftrag an Mose Sein Volk aus Ägypten zu holen.

Wir lesen, wie Mose mit Aaron zum Pharao in den Palast hinein gehen und kühn zu ihm sprechen:

So spricht der HERR, der Gott Israels: Lass mein Volk ziehen, damit es mir in der Wüste ein Fest hält! (Ex. 5,1 SLT)

Der Pharao antwortete: Wer ist der HERR, dass ich auf seine Stimme hören sollte, um Israel ziehen zu lassen? Ich kenne den HERRN nicht, und ich will Israel auch nicht ziehen lassen! (Ex. 5,2 SLT)

Er untermauert seine Einstellung, indem er die gleiche Anzahl Ziegel fordert, jedoch das Stroh weglässt. Die Hebräer müssen auch das Stroh von überall sammeln und werden beschimpft. Das führt zu Unmut unter dem Volk und sie wenden sich an Mose in ihrer Not.

Doch Gott hat alles unter Kontrolle und so erklärt Er Mose ...
Nun sollst du sehen, was ich dem Pharao tun will! Denn durch eine starke Hand gezwungen wird er sie ziehen lassen, und durch eine starke Hand gezwungen wird er sie aus seinem Land treiben. (Ex. 6,1 SLT)

Alles, was Gott sagt, geschieht!

So lesen wir in Kapitel 7, wie Mose und Aaron vor den Pharao treten und ihren Stab vor den Pharao werfen. Dieser wird zu einer Schlange. Die Zauberer des Pharaos werfen ebenfalls ihre Stäbe vor den Pharao auf den Boden, und auch sie verwandeln sich zu Schlangen, aber ...

Aarons Stab verschlang ihre Stäbe. 13 Doch das Herz des Pharao verstockte sich, und er hörte nicht auf sie, so wie der Herr es gesagt hatte. (Ex. 7,12-13 SLT)

Hier verstockt der Pharao das erste Mal sein Herz.

Wenige Verse weiter lesen wir, wie Mose seinen Stab auf den Nil schlägt und alles Wasser zu Blut wird. Die Fische sterben und es stinkt fürchterlich.

Aber die ägyptischen Zauberer taten dasselbe mit ihren Zauberkünsten. Und so verstockte sich das Herz des Pharaos, und er hörte nicht auf sie, so wie der Herr es gesagt hatte (Ex. 7,22 SLT)

Das zweite Mal verstockt der Pharao sein Herz selbstständig.

In der zweiten Plage wimmelt es vor Fröschen, der Pharao ist angewidert und will von seinen Zauberern wissen, ob sie dasselbe wie Aaron können. Sie können.

Als aber der Pharao sah, dass er Luft bekommen hatte, verstockte er sein Herz und hörte nicht auf sie, so wie der Herr es gesagt hatte. (Ex. 8,11 SLT)

Hier verstockt der Pharao zum dritten Mal eigenwillig sein Herz.

Ab jetzt verstockt JHWH sein Herz, denn zum einen will Gott Sein Volk mit einem nie dagewesenen Sieg über des satan aus dessen Land befreien und zum anderen ist dieses Zeugnis bis heute bekannt und der Name Gottes wird in allen Ländern von Seinen Kindern gepriesen.

Die darauffolgende Plage will ich noch aufgreifen, ehe ich den Bogen schließe, denn sie ist die erste, bei denen die Zauberer nicht mit ihren Illusionstricks mithalten können.
Gott befiehlt Mose Aaron zu sagen, dass er mit dem Stab auf den Staub der Erde schlagen soll, und aus dem Staub werden Mücken. Hier kapitulieren die Zauberer.

Warum? Weil sie kein Leben erschaffen können. Das kann nur Jesus allen. Ab diesem Zeitpunkt verhärtet Gott das Herz des Pharaos.

Auch hier sehen wir wieder eindrucksvoll, dass Gott Seine Waffen wählt, Seine Berufenen motiviert und Sein Wort hält.

Wir müssen nicht alles verstehen, was Gott will, können wir auch nicht, aber wir dürfen getrost sein; alles entspricht Seinem Willen. Und das Gesamtbild ist perfekt. Über den Willen eines Menschen und seine Macht lohnt es sich überaus genau nachzudenken. Vereinen wir eine Portion Kühnheit im Glauben mit einer demütigen aktiv-passiven Einstellung und befehlen wir unseren eigenen Willen dem Heiligen Geist unter.

Ich bitte jeden inständig: gehen Sie *All-in*.
Der satan tut es schon längst.

Seid nüchtern und wacht! Denn euer Widersacher, der Teufel, geht umher wie ein brüllender Löwe und sucht, wen er verschlingen kann (1.Petr. 5,8 SLT)

Aber Jünger Gottes mit kindlichen Herzen dürfen jubeln:

»Der Gerechte aber wird aus Glauben leben«; doch: »Wenn er feige zurückweicht, so wird meine Seele kein Wohlgefallen an ihm haben«. (Hebr. 10,38)

Was ist aber mit denen, die in unserem Umfeld nicht auf den Ruf Jesu hören wollen?

Das ist die wahrscheinlich schwierigste Herausforderung eines jeden Christen. Die Wahrheit zu kennen und zusehen, wie unsere Liebsten ihr Herz verstocken.
Was können wir tun?

Zu dieser Frage gab der Heilige Geist mir eine Antwort, die so wundervoll ist, dass ich sie Ihnen mitteilen möchte.

Stellen Sie sich vor …

… Sie sehen ein Stundenglas und aus dem oberen Kolben rieselt das Schüttgut Teilchen für Teilchen durch die verengte Verbindungsstelle in das untere Glas. Nach einer festgesetzten Zeit ist das obere Glas leer und das untere voll.

So verhält es sich mit der Zeit in unserem Leben. Wir haben nur ein einziges und unsere Atemzüge sind durch Jesus gezählt. Nur Er allein bestimmt den Zeitpunkt unserer Geburt und Sterben.
Die Zeit läuft für uns linear in eine Richtung. Wir können sie weder beschleunigen noch verlangsamen, jeder Moment ist einmal gelebt und kann nicht zurückgeholt werden.

Jesus ist der Gott über die Zeit, ich möchte sagen; Er ist die Zeit.
Ich stelle mir Zeit als ein Element vor, durch welches Jesus läuft, wie es Ihm beliebt. So wie Er über das Wasser läuft oder in dem Feuerofen steht, so sind Dimensionen und Ewigkeiten Wege, auf denen Er wandelt. Aus dem Grund ist Er jetzt bei Ihnen, bei mir, bei jedem verfolgten Christen, gibt Noah den Auftrag die Arche zu bauen und schleudert den Stein Davids, der Goliath vernichtet und stirbt für uns am Kreuz.
An dieser Stelle möchte ich noch einmal einen kurzen Ausflug in die Philosophie machen, denn der Heilige Geist erinnert mich in diesem Moment an meine Oberstufenzeit. Ich belegte das Fach Philosophie und wir thematisierten im Unterricht die Anthropologie, also die Wissenschaft vom Menschen und seiner Entwicklung in der Geschichte. Dabei werden verschiedene Aspekte untersucht, wie beispielsweise unsere Ursprünge, unser Verhalten, unsere sozialen Strukturen und kulturellen Praktiken. Verschiedene Bereiche wie Evolution, Genetik, Archäologie, Sprache und kulturelle

Unterschiede werden analysiert, um die menschliche Existenz besser zu verstehen.

In diesem Forschungsgebiet gibt es die abstrakte Idee der Überzeitlichkeit. Dieses Gedankenmodell bezieht sich auf Phänomene, die unabhängig von historischen Epochen oder kulturellen Zusammenhängen existieren und somit zeitlos und allgemeingültig sind.

Das ist höchst interessant, denn obgleich die Philosophie den Menschen in den Mittelpunkt stellt und versucht Gott konsequent auszublenden, beschreibt das Schema der Überzeitlichkeit doch Gottes Allmacht.

Gott der Vater, Gott der Sohn und Gott der Heilige Geist sind das in der Philosophie beschriebene unabhängige und unveränderliche Konzept der Überzeitlichkeit!

Wenn wir nun die Schwierigkeit erneut aufgreifen, was wir tun können, wenn sich unsere Liebsten Gott verwehren, ergibt sich durch die Allmacht Gottes eine wunderbare Gewissheit: Wir müssen zwar den Willen anderer akzeptieren, die nicht auf die rettende Botschaft hören wollen, aber wir dürfen und sollen sogar für Ihre Rettung zu Jesus flehen.

Warum? Weil Er die Gebete Seiner Kinder erhört und auch ein viertes, fünftes oder dreihundertstes Mal in das Leben einer unserer Lieben spricht. Vielleicht sogar an ein und derselben Situation, denn Ihm ist alles möglich.

Diese Verheißung ist unermesslich schön und so ermutige ich Sie, noch einmal für die Menschen in Ihrem Umfeld zu beten.

Hören wir nicht auf zu beten, denn dann hat der satan sicher gewonnen.

Wie sehr Gott Hartnäckigkeit im Glaubensleben gefällt und wie sehr Er bereit ist, auf Seine Gerechten zu hören, lesen wir an zwei einzigartigen Bibelstellen.
Beide stehen im Alten Testament geschrieben und beide beziehen sich auf die Patriarchen. Über Isaaks Brunnen haben wir gelesen, jetzt steigen wir gemeinsam in den Gebetskampf Abrahams um Sodom ein, und ringen wie Jakob am Jordan.

Abraham und Jesus gehen auf Sodom zu und Gott offenbart ihm, was Er tun will. Abrahams Mitgefühl für die Menschen ist so groß, dass er bei Gott Fürbitte für die Seelen der Stadt hält. Die Gerüchte sind Abraham sicher bekannt und doch fasst er allen Mut zusammen und erfleht Gnade von Jesus.
23 Und Abraham trat näher und sprach: Willst du auch den Gerechten mit dem Gottlosen wegraffen? 24 Vielleicht gibt es fünfzig Gerechte in der Stadt; willst du die wegraffen und den Ort nicht verschonen um der fünfzig Gerechten willen, die darin sind? 25 Das sei ferne von dir, dass du eine solche Sache tust und den Gerechten tötest mit dem Gottlosen, dass der Gerechte sei wie der Gottlose. Das sei ferne von dir! Sollte der Richter der ganzen Erde nicht gerecht richten? (Gen. 18,23-25 SLT)

Gott gefällt das Gebet, und Er geht darauf ein. Lassen Sie uns den Dialog in der Bibel im Ganzen lesen.

Wenn ich fünfzig Gerechte in Sodom finde, in der Stadt, so will ich um ihretwillen den ganzen Ort verschonen! 27 Und Abraham antwortete und sprach: Ach siehe, ich habe es gewagt, mit dem Herrn zu reden, obwohl ich nur Staub und Asche bin! 28 Vielleicht gibt es fünf weniger als fünfzig Gerechte darin; willst du denn die ganze Stadt verderben um der fünf willen? Er sprach: Wenn ich darin fünfundvierzig finde, so will ich sie nicht verderben! 29 Und er fuhr weiter fort mit ihm zu reden und sprach: Vielleicht finden sich vierzig darin. Er aber sprach: Ich will ihnen nichts tun um der vierzig willen! 30 Und Abraham sprach: Möge es [meinen] Herrn nicht erzürnen, wenn ich noch weiterrede! Vielleicht finden sich dreißig darin. Er aber sprach: Wenn ich dreißig darin finde, so will ich ihnen nichts tun! 31 Und er sprach: Ach siehe, ich habe es gewagt, mit [meinem] Herrn zu reden: Vielleicht finden sich zwanzig darin. Er antwortete: Ich will sie nicht verderben um der zwanzig willen! 32 Und er sprach: Ach, zürne nicht, [mein] Herr, dass ich nur noch diesmal rede: Vielleicht finden sich zehn darin. Er aber sprach: Ich will sie nicht verderben um der zehn willen! (Gen. 18,26-32 SLT)

Das traurige ist, es finden sich keine zehn Gerechten in der Stadt, und Feuer vom Himmel vernichtet Sodom und die Nachbarstadt Gomorra.

Abraham betet über den Willen der Einwohner hinweg, und beweist so Vertrauen in Jesus und Beharrlichkeit im Gebetsleben. Daran dürfen wir uns ein Beispiel nehmen und über den Willen anderer hinweg für ihre Rettung beten.

Der satan wird uns ausreden wollen zu beten, er bombardiert uns mit Ablenkung oder den Gedanken, dass Jesus doch nicht zuhört. Vielleicht gräbt er alte Dinge der Vergangenheit aus und will uns entmutigen zu beten.
Genauso, wie er Jakob mit Furcht belegte, während er seinem Bruder Esau entgegenschreitet.
Ihre Trennung Jahre zuvor ist eine Flucht Jakobs, denn er bringt Esau mit einem Teller Linsen um den Segen des Erstgeborenen. Jakob denkt, dass sein Bruder auf Rache sinnt. So trennt er seine Her-

den als Besänftigung für Esau in drei Gruppen auf und schickt sie mit seinen Frauen und elf Kindern voraus.

25 Jakob aber blieb allein zurück. Da rang ein Mann mit ihm, bis die Morgenröte anbrach. (Gen. 32,25 SLT)

Es ist Gott in Jesus, mit dem er ringt. Jesus berührt in an der Hüfte und will gehen, denn die Morgenröte erscheint. Aber Jakob hält Jesus mit aller Kraft fest und sagt: Ich lasse dich nicht, es sei denn, du segnest mich!

In diesem Satz liegt für mich die ganze Entschlossenheit, die ich anzuwenden lernen will.

Ich möchte dieses Kapitel mit den ermutigenden Worten des Jakobus beenden, die in unser Herz sprechen.

2 Meine Brüder, achtet es für lauter Freude, wenn ihr in mancherlei Anfechtungen geratet, 3 da ihr ja wisst, dass die Bewährung eures Glaubens standhaftes Ausharren bewirkt. 4 Das standhafte Ausharren aber soll ein vollkommenes Werk haben, damit ihr vollkommen und vollständig seid und es euch an nichts mangelt. (Jak. 1,24 SLT)
Amen!

Evangelium

Das ganze Evangelium hat die Kraft zu retten, deshalb schreibe ich es strukturiert in fünf Punkten auf. Es gibt im www sehr ähnliche Ausführungen, von denen ich Ihnen *Das Evangelium durch die Blume erklärt* mit Joël Salvisberg empfehle.

Gott will Gemeinschaft mit uns
Die Sünde trennt uns von Gott
Gott gibt uns einen Ausweg
Gottes Forderung Ihm zu folgen
Die Verheißungen Gottes

<u>Gott will Gemeinschaft mit uns.</u>
Gott schuf Adam und Eva im Garten Eden. Sie lebten in der Gegenwart Gottes, sprachen mit Ihm und hörten Sein Wort. Ja, ihr ganzes Wesen war erfüllt von Gott.
Gott pflanzte – neben wunderschönen Pflanzen – auch zwei besondere Bäume in den Garten.
Den Baum des Lebens, wenn jemand von dem isst, wird man ewig leben. Und den Baum der Erkenntnis von Gut und böse. JHWH gab dazu ein Gebot an Adam! Iss nicht davon, sonst musst du sterben! Warum pflanzte Gott diese Versuchung?
Wir müssen verstehen: Gott möchte mit jedem Menschen eine freiwillige und persönliche Beziehung führen.
Und Liebe ist nur dann Liebe, wenn sie freiwillig ist.
Ich kann niemanden zwingen, mich zu lieben, so zwingt auch Gott niemanden Ihn zu lieben. Gott will, dass wir Ihn wollen, deshalb sollten wir die Bäume nicht als Versuchung sehen.

Gott hat den Menschen mit einem freien Willen geschaffen, und das ist die Grundlage aller Entscheidungen. Er gab jedem Menschen auch den Verstand. So kann jeder abwägen, was er tun möchte.

<u>Das Problem der Sünde</u>
Das hat der teufel ausgenutzt. er hat in Eva Zweifel gesät und sie hat Adam verführt.
Sie fielen nicht sofort tot um, aber etwas anderes geschah. Sie verschlossen sich gegenüber Gott. Die Sünde, also die gelebte die Trennung von Gott, zog in ihre Herzen ein und sie wurden böse. Sie konnten die vollkommene Gegenwart Gottes nicht mehr ertragen und versteckten sich.
In diesem Zustand durften Adam und Eva auf keinen Fall vom Baum des Lebens essen.
Da Gott sich selbst treu ist und sich nicht selbst verleugnet, befahl Gott die Verbannung aus dem Garten Eden.
Das ist die Erbsünde, ein Begriff, den Martin Luther prägte. Der Grundsatz lautet: Die Sünde des Einen – nämlich Adam – gilt bis heute für alle Menschen.
So kam Eifersucht in den Menschen, Zügellosigkeit, Mord, Krankheit und Tod. Die Menschen waren so böse, dass Gott die Sintflut befahl, denn es reute Ihn, den Menschen geschaffen zu haben.
Es gab einen Mann, Noah, der war zwar auch ein Sünder, aber er gefiel Gott und wurde von Ihm gerecht gemacht. Deshalb rettete Gott ihn mitsamt seiner Familie.

Daran sehen wir: Gott ist gerecht und die Sünde muss bestraft werden. Wir sehen auch, dass die Familie für Gott einen enormen Stellenwert hat. Denn Noah wurde nicht als Einziger gerettet, sondern auch seine engsten Familienmitglieder.

Die Sünde vererbte sich mit Noahs Kindern und Enkel immer weiter – bis heute.

Daher sagt die Bibel, dass diese Welt verflucht ist. Wichtig ist noch einmal zu wissen, was Sünde ist. Sünde ist die Trennung von Gott und für uns unüberwindbar.

Ich gebe Ihnen zwei Beispiele aus den 10 Geboten, die Jesus in der Bergpredigt aufgreift: Du sollst nicht töten! Jetzt denken Sie vielleicht, dass Sie das nicht haben. Doch wichtig ist nicht der menschliche Maßstab, sondern Jesu Maßstab. Er sagt nämlich, wenn jemand auf einen anderen Menschen wütend ist und ihn beleidigt, ist das schon töten.

Ein weiteres Beispiel ist der Ehebruch: Du sollst nicht die Ehe brechen. Das geschieht schon mit dem begehrlichen Ansehen einer Person. Und nicht mit der Vollendung des Bruches.

Jetzt darf jeder für sich nachsinnen, wie oft man gesündigt hat.

Wir erinnern uns, Gott muss die Sünde bestrafen.

Es ist folglich wichtig, dass wir uns nicht miteinander vergleichen, sondern den ewig lebenden, heiligen und reinen Gott in Jesus Christus gefallen wollen.

Wir versündigen uns nicht gegenüber Menschen, sondern immer gegenüber Gott!

Jeder wird einst im Gericht vor Gott stehen und dann werden Bücher geöffnet, und jedes böse Wort, jede Tat, jeder Gedanke gegen Gott wird laut vorgebracht! Da wird niemand frech sein, sondern um Gnade flehen.

Jeder wird erkennen, nicht Gott ist unser feind, wir sind Seine!

Gott ist liebevoll und gerecht, trotzdem oder gerade deshalb kann Er auch Menschen in die Hölle verbannen.

Denn das ist die Gerechtigkeit Gottes: Wer Ihn liebt, lebt bei Ihm in Ewigkeit, wer Ihn hasst, geht in die Hölle. Wenn jemand in die Hölle geht, ist das seine eigene Entscheidung!

<u>Gott ist die Lösung</u>
Und jetzt kommt die frohe Botschaft!

Gott liebt uns so sehr, dass Gott, der Vater, Seinen Sohn in die Welt gegeben hat, damit jeder, der an Ihn glaubt, ewiges Leben bei Gott hat.

Denn so sehr hat Gott die Welt geliebt, dass Er Seinen eingeborenen Sohn gab, damit jeder, der an Ihn glaubt, nicht verloren geht, sondern ewiges Leben hat. (Joh. 3,16 SLT)

Jesus ist mit Seinem Tod am Kreuz zum Heilmittel für die Sünde der Menschen geworden.
Er hat der Trennung von den Menschen zu Gott einen Ausweg gegeben. Nämlich Sich selbst.

Ich bin der Weg, die Wahrheit und das Leben. Niemand kommt zum Vater, denn durch mich, (Joh. 14,6)

Verinnerlichen wir uns Folgendes:
Gott selbst hat uns den Weg bereitet zu Ihm in den Himmel zu gehen.
In Matthäus 5, Vers 44 sagt Jesus zu Seinen Jüngern ...

Ich aber sage euch: Liebt eure Feinde und bittet für die, die euch verfolgen,

Wenn wir ehrlich zu uns selbst sind, werden wir bei dieser Aufforderung eine innere Hürde feststellen, denn denen zu vergeben, die uns Schmerzen welcher Art auch immer, zugefügt haben, ist eine schwere Aufgabe.

Aber sie ist ein Klacks gegenüber der Feindesliebe, die Jesus am Kreuz vorgelebt hat. Warum? Weil Er für Seine Feinde starb. Für Sie und mich und jeden (noch!) gottlosen Menschen!
Nur Gott bewahrt uns vor Gottes Zorngericht!
Was ist an Jesus so speziell?
Jesus ist Gott und Mensch und zugleich der Einzige, der ohne Sünde war. Er wurde nicht biologisch von Sündern gezeugt, wie wir, sondern vom Heiligen Geist. Er hielt sich an jedes einzelne Gesetz.
– Er ist der Urheber.
Jesus ist Gott!
Deshalb ging Er als Sühnopfer für alle Menschen ans Kreuz, deshalb ist Jesus der Einzige, der die Sünde der Menschen wegwaschen kann.
Er trägt die Strafe, die wir hätten tragen müssen. Warum? Weil Er uns liebt und sich wünscht, dass jeder Mensch auch Ihn liebt.
Jesus starb also am Kreuz, wurde ins Grab gelegt und vom Vater auferweckt, weil Er rein war. So hat Jesus den Tod besiegt. Er hat sich nach drei Tagen Menschen gezeigt, hat mit ihnen gesprochen und nach vierzig Tagen ist Jesus aufgefahren in den Himmel. Und dort ist Er jetzt. Der Vater bereitet Wohnungen vor für alle, die Jeshua Hamashiach als Retter und Heiland, als Gott annehmen.
Das ist eine freiwillige und aktive Entscheidung, die jeder Mensch für sich selbst treffen muss.

<u>Gottes geforderte Nachfolge</u>
Wenn Sie das Erlösungswerk Jesu am Kreuz annehmen wollen, dann glauben Sie an Jesus als Gott, tuen Buße und bekehren sich. Lassen Sie sich taufen und treten die Nachfolge Jesu an. Werden Sie Sein Jünger.
Wenn Sie das nicht wollen, oder halbherzig dabei sind, dann müssen Sie die Konsequenz Ihrer Entscheidung tragen.

Glaube an den HERRN Jesus Christus, so wirst du gerettet werden, du und dein ganzes Haus, sagt Paulus zu dem Kerkermeister in der Apostelgeschichte 16, Vers 31.

Das ist die Forderung Gottes an uns. An Ihn glauben und Ihm folgen. Gott ist immer am Wirken, aber jeder einzelne muss den ersten Schritt machen. Das heißt konkret, jeder muss den aktiven, ersten Schritt auf Gott zugehen. Zuallererst aber Glauben Sie!

Der Glaube schenkt uns Zutritt zur Gnade. Glaube bedeutet, die Erkenntnis zu haben, dass es den allmächtigen Gott gibt und, dass kein Sünder je ins Himmelreich eintreten kann. Kein Selbstgerechter wird jemals ins Reich Gottes eingehen und kein Stolzer mit einem Herzen voller guter Taten aus gottlosen Aktionen. Nur Menschen, die einen persönlichen Offenbarungseid vor Gott abgeben.

Es ist auch der Glaube eines Menschen zu erkennen, dass Jesus der einzige Retter und Gott aller Götter ist und sich Ihm unterwirft. Ein Glaube, der Gott in jeder Situation und Frage an erste Stelle stellt.

Wie geht das?

Wir sagen Ihm aufrichtig, dass es uns leid tut ein Leben, ohne Ihn geführt zu haben und sagen, dass wir ab sofort mit Ihm leben wollen! Dann will Gott uns ein neues Herz schenken und danach sollen wir uns taufen lassen.

Die Taufe ist das sichtbare Zeichen, dass Jesus uns sauber gewaschen hat. Beim Eintauchen in das Wasser stirbt der alte Mensch und bleibt unter Wasser. Der neue Mensch kommt aus dem Wasser und ist wahrlich neu.

Während dieses Vorganges sind wir mit Jesus gestorben und mit Ihm auferweckt.

Wenn wir nun um den Heiligen Geist bitten, werden wir mit Ihm erfüllt. Und wir bekommen nicht irgendeinen Geist, sondern den

gleichen, den Jesus den Aposteln aus dem Pfingstwunder aus der Apostelgeschichte, in Kapitel 2, schenkte. Und auch nicht nur ein wenig, sondern Ströme lebendigen Wassers fließen durch uns hindurch.
Sein Auftrag an uns lautet: Dasselbe machen wie Er.
Das ganze Evangelium erzählen, Menschen zu Jüngern machen, Kranke heilen, dämonen austreiben, Tote auferwecken und Reich Gottes auf Erden bauen.

Das großartige ist, Er lässt uns nicht allein. Er sendet uns den Heiligen Geist. So wie Jesus es uns gesagt hat, sollen wir von unseren falschen Taten weggehen und auf Ihn als Gott vertrauen.
Weiterhin fordert Gott uns auf, unsere Gesinnung zu ändern, also unser humanistisches Denken und Handeln abzulegen.

<u>Gottes Verheißung</u>
Die Menschen, die Buße tun, sich taufen lassen und den Heiligen Geist in sich tragen, werden Kinder Gottes genannt. (Alle anderen Menschen sind Geschöpfe Gottes) Sie haben das Anrecht zu jeder Zeit in das Allerheiligste zu gehen. Sie sind der Tempel, in dem der Heilige Geist wohnt. Jesus bietet Ihnen ein Bürgerrecht im Himmel an, und will die Ewigkeit mit Ihnen in Seiner Herrlichkeit und Pracht verleben.
Aber auch hier haben wir die Wahl, ob wir das Geschenk des Lebens in Gott annehmen wollen.
(Weil Er uns liebt, bitte erinnern Sie sich, Liebe ist nur dann Liebe, wenn sie freiwillig ist.)
Das Geschenk abzulehnen vermag sogar ein Nachfolger Jesu, doch die Konsequenz wäre der Abfall und Tod. Wenn das Licht in einem Nachfolger gänzlich erloschen ist, wird es nicht wieder entfacht.
Deshalb halten Sie Ihr Feuer am Brennen! Keep on fire!

Jesus kommt bald wieder und dann teilt Er die Menschen in zwei Kategorien auf: Jene die Ihn lieben und jene, die Ihn hassen. Für die, die Ihn lieben, hat Jesus die Strafe gezahlt und sie gehen in den Himmel, die anderen müssen die Strafe ihrer Sünde selbst tragen und gehen in die Hölle.

Nehmen wir die Nachfolge Jesus an und nehmen wir sie auch ernst. Von der aktiven Nachfolge wird in den Kirchen nicht gesprochen und auch in Freikirchen wird nur wenig in ihrer Gänze erzählt. Gott spricht eindringlich zu Hesekiel, in Kapitel 33, und erklärt, was ein Jünger Jesu tun soll:

Wenn ich zu dem Gottlosen sage: »Du Gottloser, du musst gewisslich sterben!« und du sagst es ihm nicht, um den Gottlosen vor seinem Weg zu warnen, so wird jener, der Gottlose, um seiner Sünde willen sterben; aber sein Blut will ich von deiner Hand fordern. 9 Wenn du aber den Gottlosen vor seinem Weg warnst, damit er davon umkehrt, und er von seinem Weg nicht umkehren will, so wird er um seiner Sünde willen sterben; du aber hast deine Seele gerettet. (Hes. 33, 8-9 SLT)

Schlusswort

Liebste Leserin,
liebster Leser.

Ich danke Ihnen für Ihre Hingabe zu Gott und die damit verbunde-
ne Geduld, sich durch die Kapitel zu arbeiten, denn Sie sind mit
diesen Zeilen in meinem Schlusswort angelangt.

Vielleicht fühlten Sie sich in der ein oder anderen Stelle ertappt,
mir ging es jedenfalls so. Danken wir JHWH, dass Er in unaus-
sprechlicher Geduld und Barmherzigkeit unseren Weg korrigiert
und uns auf dem Pfad Seiner Gerechtigkeit bewahrt.

Obwohl ich fast alles geschrieben habe, was Gott mir aufs Herz
legte, gibt es eine Sache, die ich bis zum Schlusswort aufbewahrt
habe.

Ich stehe im November 2023 zur Mittagszeit an geschlossenen
Bahnschranken und sehe, wie Schüler in ihre Brote beißen, Mütter
ihre Kleinkinder auf dem Arm tragen und ein Mann auf seine Arm-
banduhr schaut, es scheint ihm ungelegen zu sein, dass er warten
muss. Etwas fühlt sich komisch an. Es ist nur ein diffuses Gefühl,
denn alles um mich herum ist friedlich und geht seinen gewohn-
ten Gang.
Ich schaue in den Himmel und die Zeit scheint für einen Moment
stehenzubleiben. Ich höre im Geist:

„ICH komme! Und es wird ein Tag wie heute sein. Plötzlich explodiert der Himmel, es wird keine Ankündigung geben und Ich erscheine in Pracht und Herrlichkeit!

So spricht JHWH dein Gott: Kehrt um von euren bösen Wegen. Geht aus dem Gefängnis von Frömmigkeit und Religiosität. Humanismus und Aufklärung sind finsternis und Lügen des satan und bergen den sicheren Tod. Sei nicht ungehorsam, wie die Heuchler es waren und die religiösen Leiter heute sind, sondern wende dich Mir zu, denn Ich bin das Licht und dein Schöpfer und dein Gott. Ich allein will dich retten, wenn du dich Mir zuwendest! Mein Wort ist glaubwürdig und geläutert, darum höre Mir zu! Ich komme bald und Meine Herrlichkeit mit Mir!"

Was im ersten Moment wie eine Drohung klingt, ist in Wahrheit eine frohe und ermutigende Botschaft.
Bereits im Buch Jesaja spricht Gott …

11 Ich, ich bin der HERR, und außer mir gibt es keinen Retter. 12 Ich habe verkündigt, gerettet und von mir hören lassen und bin nicht fremd unter euch; und ihr seid meine Zeugen, spricht der HERR, dass ich Gott bin. (Jes. 43,11-12 SLT)

Gott hält für jeden die Arme auf, der Ihn sucht und mit einem aufrichtigen Herzen zu Ihm betet. Aber Sie müssen den ersten Schritt auf Ihn zugehen. Und genau das will der satan verhindern.

Wenn Ihnen beim Lesen dieses letzten Abschnittes der Atem stockte, dann werten Sie das bitte als ein gutes Zeichen für Ihre vorhandene Gottesfurcht, denn an der mangelt es in Europa und ist die Wurzel aller Probleme.

Oft denke ich daran, wie es Mose und den vielen tausenden Israeliten erging, als sie vor dem Schilfmeer standen.

Stellen Sie sich bitte ein letztes Mal etwas vor.

Die Hebräer erleben die zehn Plagen und eine göttliche Bewahrung in all den Schrecken. Sie stehen vor einem kilometerbreiten Meer und haben die Wüste und das todeshungrige Heer des Pharaos in ihrem Rücken.

JHWH sendet eine Säule aus Feuer und Wolken aus dem Himmel herab. Mose führt das gesamte Volk Israel – Junge, Alte, Schwangere, Gesunde und Kranke, mitsamt dem Vieh und aller Habe – aus der jahrhundertelangen Knechtschaft aus dem feindesland heraus. Licht und Wärme für die Israeliten, ohne sie zu verbrennen und Verwirrung für den Pharao, denn er kommt nicht an der Säule vorbei.

Ich stelle mir vor, wie Mose voller Vertrauen auf dem einzigen Pfad felsigen Meeresgrundes vorausgeht, alle Heiligen mit ihm und Sie mittendrin.

Wenn Sie und ich unseren Glaubenslauf an der Hand unseres allmächtigen Gottes in Jesus Christus bestreiten, gehen wir in Ihm von Kraft zu Kraft und von Sieg zu Sieg.

Das, liebste Leser, wünsche ich Ihnen von Herzen.

wenn wir aber im Licht wandeln, wie er im Licht ist, so haben wir Gemeinschaft miteinander, und das Blut Jesu Christi, seines Sohnes, reinigt uns von aller Sünde.
(1.Joh. 1.7)

Seien Sie Gott anbefohlen.

Unsre Seele ist entronnen wie ein Vogel dem Netze des Vogelfängers; das Netz ist zerrissen, und wir sind frei.
(Ps. 124,7 SLT)

Friede sei mit Ihnen.
In Jesu Namen Amen!

Danksagung

Ich danke meinem Gott und König in Jesus Christus für Seine Gedanken und den Auftrag dieses Buch zu schreiben.

Meiner Familie gilt mein besonderer Dank für jede Unterstützung und Geduld mit mir und meiner Schwester im Glauben möchte ich für jede Ermutigung und Beistand danken, denn ohne euch stünde kein Buchstabe auf diesen Seiten!

Aber die Gnade des HERRN währt von Ewigkeit zu Ewigkeit über denen, die ihn fürchten, und seine Gerechtigkeit bis zu den Kindeskindern 18 bei denen, die seinen Bund bewahren und an seine Gebote gedenken, um sie zu tun. (Ps. 103, 17-18 SLT)

Abkürzungen

ELB – Elberfelder Bibel
LUT – Luther 2017
MENG – Menge Bibel
SLT – Schlachter 2000
ZB – Zürcher Bibel
HFA – Hoffnug für alle
NGÜ – Neue Genfer Übersetzung

1. Mose – Genesis (Gen.)
2. Mose – Exodus (Ex.)
3. Mose – Levitikus (Lev.)
4. Mose – Numeri (Num.)
5. Mose – Deuteronomium (Dtn.)

Apg. - Apostelgeschichte
Eph. - Epheser
Gal. - Galater
Hebr. - Hebräer
Hes. - Hesekiel
Hi. - Hiob
Jak. - Jakobus
Jer. - Jeremia
Jes. - Jesaja
Joh. - Johannes
Jos. - Josua
Kor. - Korinther
Kol. - Kolosser
Kö. - Könige
Lk. - Lukas
Mk. - Markus
Mt. - Matthäus
Neh. - Nehemia
Off. - Offenbarung
Petr. - Petrus
Phil. - Philipper
Pred. - Prediger
Ps. - Psalmen
Ri. - Richter
Röm. - Römer
Rt. - Ruth
Sam. - Samuel
Spr. - Sprüche
Thes. - Thessalonicher
Tim. - Timotheus

Quellenangaben

Berliner Erklärung(1909):
de.wikipedia.org/wiki/Berliner_Erklärung_(Religion)

Konfirmation: Basiswissen Glauben EKD

Historie Konfirmation: Geschichte der Konfirmation

Mormonen – Jesus geistiger Bruder satans: equip.org

613 Gebote der Tora: bpb.de

Identität in Christus: Freedom in Christ

Immobilientausch: IglesiaApostolicaDelFinalDeLosTiempos.com

G*tt: evangelisch.de

Watchman Nee: Der geistliche Christ

Wilhelm Busch: Jesus unser Schicksal

Arnold Fruchtenbaum: Das Leben des Messias

Der Bauer und die Wildgänse, ein Autor kann nicht ausfindig gemacht werden. Bitte um Erlaubnis diese zu verwenden: lehrerermutigungstreffen.de

YouTube: Das Evangelium durch die Blume erklärt

Keep on fire

Das Leben im Licht Jesu reflektieren

Abby Rule